年後、金持ちになる人　貧乏になる人

ノラク「稼ぐ力」を手に入れる方法

田口智隆

廣済堂新書

プロローグ　500円でランチをするなら、あなたはどうする?

ここに、一枚の500円玉がある。

あなたが、この500円を使ってランチを食べにいくとしたら、次のA、Bのうち、どちらを選択するだろうか?

A　ファストフードのハンバーガーセットを店内の狭いテーブルで食べる
B　近くの公園まで散歩して、オーガニックのコーヒーと野菜サンドイッチを食べる

「いきなり、なんでそんな質問を?」と思うかもしれないが、せっかく数ある本の中から本書を手に取ってくれたのだから、何かの縁だと思って答えてほしい。

「……ファストフードはよく行くけど、オーガニックってなに？」

という方のために、ちょっとだけ補足しておこう。

オーガニックというのは、有機栽培のことで、農薬や化学肥料にたよらずに、有機肥料だけで栽培する農法のこと。

身体に悪影響を及ぼすかもしれない農薬や化学肥料を使っていないので、健康に気を使う人たちの間でブームになっているのだ。

一方、ファストフードのハンバーガーやポテトは、高カロリーで油分が多い。その中には、今、問題になっているトランス脂肪酸というものが含まれていることも確認されている。

このトランス脂肪酸は、ＬＤＬコレステロール（悪玉コレステロール）を増加させ、心臓疾患になる確率を高める可能性があるそうだ。

ファストフードに恨みはないのだが、一般的に言われていることだから仕方がない。

さて、2つの違いがわかったところで、もう一度質問をさせてほしい。

あなたが、500円を使ってランチを食べにいくとしたら、次のA、Bのうち、どちらを選択するだろうか？

A　ファストフードのハンバーガーセットを店内の狭いテーブルで食べる

B　近くの公園まで散歩して、オーガニックのコーヒーと野菜サンドイッチを食べる

さっきはAを選んでいたのに、Bに変更した人がいるのではないだろうか？

「そりゃ、身体に良いとか悪いとか言われたら、良いほうを選ぶに決まってるでしょ」

そう。Bを選んだ人は、自分の健康に気を使っている人である。同じお金を使うなら、できるだけ身体に良いモノを選びたいと考えているから、Bを選ぶのだ。

実はこういうお金の使い方ができる人には、「稼ぐ人」が多いのだ。

「お金の使い方と、稼げるか稼げないかなんて、関係ないだろ?」

そんな疑問を抱いている方も多いだろう。

それが大ありなのだ。

順を追って説明していこう。

まず最初に、お金の使い方には、「消費」「浪費」「投資」の3つがあることを知っておいてもらいたい。

「消費」というのは、人が生活していくうえで絶対に必要なお金。おもに「衣」「食」「住」に支払うお金のことを意味している。

例えば、スーパーで夕食の材料を購入したり、家賃を払ったり、電気、ガス、水道などの、ライフラインに関するお金を支払ったりするのがそれに当たる。

「浪費」については、みなさんお察しのとおり、酒やギャンブル、タバコなど、自分の快楽のために使うお金のことだ。これについては、特に深く説明する必要はないだろう。

「投資」は、何倍にもなって自分の元に戻ってくる可能性のあるお金の使い方だ。

株式投資など、資産運用のほかに、「自分への投資」という意味もある。

例えば、自分の将来のために学校に通って勉強をしたり、何かの資格を取ったりするためにお金を使うことは、「自分への投資」に当てはまる。

この「投資」というお金の使い方が、「稼ぐ人になること」と深い関係にあるのだ。

「稼ぐ人」は、「消費」や「浪費」を抑えて、その分を「投資」に回すことで、資産をどんどん増やしていく。

逆に言えば、何が「投資」に当たるのかを知っている人が、「稼ぐ人」だということになる。

ここでもうひとつ質問。

先ほどのA、Bのお金の使い方は、「消費」「浪費」「投資」で言うと、それぞれどれに当てはまるだろう？

「ん？　AもBも『消費』じゃないの？　だって、どちらも同じ『食』でしょ？」

残念！　正解は、Aが「消費」で、Bが「投資」だ。

先ほども言ったように、Bを選んだ人は、自分の健康管理に気を使っている人だ。

投資とは、何も株を買ったり難しい資産運用をすることだけではない。

今は元気だからといって、不摂生な生活を続けていると、いつ体調を壊して仕事や私生活に支障が出るかわからないのだ。

しかし、普段から食生活や運動不足解消に気をつけて生活していれば、そういったトラブルに見舞われる可能性は減り、長く健康でいることができる。もちろんメタボやビール腹になることなく、スマートな体型を維持することもできるのだ。

Bを選んだ人は、たかがランチひとつとっても「自分への投資」をしているのだ。

このように、**お金を何かに使うたび、人は知らず知らずのうちに「稼ぐ人」と「そうでない人」の分かれ道に立たされている。**

あなたは、気がつかないまま、「稼ぐ人」とは反対の道へ進んでしまってはいないだろうか？

日々のちょっとしたお金の使い方ひとつで、あなたが将来「稼ぐ人」の仲間入りができるのか、はたまた残念な結果になってしまうのか、大きく違ってくるのだ。

そこで本書は、あなたがより豊かな未来を手に入れるために、ぜひ身につけておいていただきたい「お金の使い方」について、わかりやすく解説した指南書だ。

「稼ぐ人」は何を考えているのか？「稼ぐ人」はどんなふうにお金を使っているの

か？　それを、各章で詳しく解説していくつもりだ。

あなたがどんなに、今現在たいした額を稼いでいなくても、これからのお金の使い方次第で、いくらでも稼ぐ人になることができる。そして、「お金の使い方」を身につけたら、人間としても大きく成長ができるだろう。

先の見えない不安な時代だからこそ、若いうちに正しいお金の使い方を身につけて、理想の未来をつかみ取ろうじゃないか！

〈目次〉

プロローグ　５００円でランチをするなら、あなたはどうする？　3

第一章
お金の正しい使い方を、あなたはわかっているか？

お金をどう使うか。その〝意識の違い〟が、あなたの人生を分ける　16
あなたは、毎日どんなお金の使い方をしているか？　22
お金の使い方には、その人の「器《うつわ》」が表れる　28
今いくら稼いでいるかは問題ではない　34
今の年収よりも、５年後の年収を上げろ　39

第二章
豊かな生活をつくるには、お金を「良く」使いなさい

喫茶店でモーニングを食べる人は、ホテルで朝食を食べる人にはなれない　46
飲むべきは、深夜の酒ではなく朝４時のコーヒー　52

「暇つぶし」にお金を使うな 58
何かを買う前に、「いらないモノ」を売れ 63
ランキング、人気、オススメは、ショッピングの禁句三ヶ条 68
タバコを買うごとに、あなたの未来は冴えないものになる 74
不得意分野の買い物の仕方 78
年に一度、大きな出費をしよう 82
いくつも資格をとるより、ひとつの語学を徹底的に磨け 88
ジムに行くなら都心をねらえ 95

第三章 稼ぐ仕事をする人はお金をこう使っている

経費を節約すると、出世運が上がる 100
靴、財布、鞄。一番お金をかけるべきなのはどれ？ 105
「読みたくない本」こそ、お金を出して買いなさい 109
苦手な人との食事こそ、最高級に良いレストランを予約する 115
洋服を買うより、そのお金をクリーニング代にかけろ 118

後輩への正しいおごり方　121
先月と今月のスケジュールを意識的に変えよう　126

第四章　知らないと貧乏になる!?　「ご縁とお金」の法則

「誘われて」飲むのではなく「誘って」飲め　132
同期との飲み会で使っていい金額は「1年で1万円まで」　135
尊敬する人に対するお金の使い方　140
一人で飲んでいいのは、カウンターバーだけ　145
ご褒美《ほうび》は他人からもらい、他人に与えるもの　148
一番近い一人を大切にできない人は、100人に会ってもダメ　151
気が乗らない誘いを断れないうちは、出世なんてほど遠い　156
親に対するお金の使い方　162

第五章

覚えておきたいお金の使い方・7のルール

嫌なことがあった後のお金の使い方 168
みじめな気分のときのお金の使い方 172
うれしいことがあった後のお金の使い方 177
イラッとしたときのお金の使い方 181
暇なときのお金の使い方 185
気分を変えたいときのお金の使い方 190
休暇のときのお金の使い方 193

エピローグ　5年後、高収入になるあなたへ 197

第一章

お金の正しい使い方を、あなたはわかっているか？

■お金をどう使うか。その〝意識の違い〟が、あなたの人生を分ける

まず、毎日のお金の使い方で、将来がどのように変わってくるのかシミュレーションしてみよう。

ここに、二人の男性会社員がいる。

二人とも、25歳、独身、彼女ナシ――。同じように営業系の仕事に就いている。

給料に関しても、手取り26万ほどで同じくらい。

ビジュアルも、二人ともそれほど悪くない。わりと人気のあるお笑い芸人くらいのランクと言えるだろうか……。強《し》いて違いを挙げれば、一方は細身で、一方はガテン系というくらいだろう。

このように優劣つけがたい二人なのだが、ここでは便宜《べんぎ》的に、細身の彼を山田あきら君、ガッチリ系の彼を川中たける君と呼ぶことにしよう。

今はほとんど〝どんぐりの背比べ〟状態の二人なのだが、毎日のちょっとしたお金の

使い方で、5年後の運命が驚くほど変わってくる。

ここではおそらく、あなたもよく買っているであろう、スマートフォンのアプリを例に挙げて比較してみよう。

＊

《山田あきら》

眠い目をこすりながら、なんとか満員電車の空席を確保する山田あきら。

一息ついたら、さっそくカバンの中から最新型のスマートフォンを取り出し、ネットに接続してアプリを検索しはじめた。

「えっとぉ……、英単語がすっと頭に入ってくるアプリないかなぁ」

あきらは心の中でそうつぶやきながら、今夢中になっているフィリピン人英会話講師との会話に役立ちそうな、英単語アプリを探しはじめた。

なんでも、あきらは現在、スカイプを利用した英会話講師とのマンツーマンレッスンにはまっているのだ。

「ジェニー、かわいいんだよな……。もっと英語をマスターして、いつかフィリピンに会いに行きたい！」

どうやらあきらは、フィリピン人の女性講師に好意を寄せているらしい。動機は不純だが、英会話の勉強に熱が入るなら良いことだ。

「お！　このアプリ、いいな。３００円か。よし、これをダウンロードしてと……」

あきらは、心の中でそうつぶやいて、マンガでわかりやすく英単語が覚えられるように工夫されている有料アプリをダウンロードした。そしてさっそく、往復約１時間の通勤時間を利用して、英単語の勉強をしはじめたのだ。

《川中たける》

一方で、ガテン系の川中たけるも、満員電車でなんとか座席を確保できた。いつも、途中で降りる男性をチェックしていて、その人の前に立っていると席が空くことを知っているのだ。

たけるも席に座るやいなや、スマートフォンを取り出した。

そしておもむろに、面白そうなアプリがないか物色しはじめた。

「ええっと、前はこのゲームを攻略したから……、お！　これが面白そうだな。300円なら、まっ、いいか」

たけるはひとりでぶつぶつ言いながら、「人気No. 1！」と表示されていたゲームアプリをダウンロードしはじめた。戦国武将たちが出てくる対戦型ゲームアプリだ。

さっそくゲームを開始したたけるは、まわりから白い目で見られていることも知らずに朝から熱を入れてゲームに没頭している。

「あー、しまった、また倒された！　よし、今度こそ！」

実は、たけるは大のゲーム好き。往復約1時間の通勤時間は、ほとんどゲームにあてているのだ。

*

二人の会社員の何気ない通勤風景をご紹介したのだが、実はここに、彼らの人生を大きく左右してしまう「お金の使い方のヒント」が隠されている。

あなたは、もうお気づきだろうか？

そう――、山田あきらは、英単語のアプリを購入し、かたや川中たけるは、ゲームのアプリを購入している。どちらも同じ300円だ。

しかし、毎日往復1時間の通勤時間を、英語の勉強にあてるあきらと、ゲームにあてるたけるとでは、5年後の将来は大きく違ってくる。

彼らの5年後の姿をのぞいてみよう。

300円で英単語のアプリを購入していた山田あきらは、25歳の時点ではTOEIC400点台だったのだが、5年後の30歳には、なんとTOEIC800点までスコアを伸ばしている。

念願だった英語圏の彼女もでき、今では仕事の商談で、月に一度は海外に行くほど社内でも信頼を獲得しているようだ。

給料は5年前の手取り26万円から大幅にアップし、32万円。海外への出張手当が付く月は、もっと手取りは良くなるという。

一方、300円でゲームのアプリを購入していた川中たけるは、30歳になった現在でも、あいかわらず通勤の満員電車でゲームをやっている。5年前の彼と変わった点があるとすれば、引き締まっていたお腹に脂肪がつき、ビール腹になったことくらいだろうか。

給料も、5年前とほぼ変わらず、手取りで26万円。消費税も上がって出費も増えているので、かなり生活はきつくなっている。30歳になってそろそろ結婚も考えたいが、今の調子では彼女すらできそうな気配はない。

英語をマスターして世界を飛び回る、山田あきら。

あいかわらずうだつの上がらない生活を続けている、川中たける。

いかがだろうか？

わずか３００円のお金をどう使うかによって、人生はこんなにも大きく変わってしまうのだ。

あなたは今、どんなお金の使い方をしているだろうか。

現在のあなたのお金の使い方が、5年後、10年後の未来を大きく左右するのだということを、自覚するところからはじめてみよう。

■あなたは、毎日どんなお金の使い方をしているか？

お金の使い方が将来の明暗を分けるという話をしたところで、私たちが、普段いかに「無意識」にお金を使ってしまっているかを考えてみよう。

お世話になっている出版社のA氏と、お昼を食べていたときのことだ。近くの席で、こんな会話をしているのが耳に入ってきた。

「お金は貯まらないね。ほんとに出て行くばかりでさ」

「まったくね〜。なるべくランチは、ワンコインですませるようにしてるんだけどなぁ。羽が生えて飛んでいくって表現、あれ実感だよね」

「気がついたら消えてなくなってるんだもん（笑）。びっくりしちゃうよ」

見ると、二人の男性サラリーマンが、向き合って話している。年の頃は30代後半くらいだろうか。

二人とも、特に巨漢ではないのに、お腹にはかなりの肉がつき、それを両膝で受け止めるかのように座っていた。

そしてなぜか、そろって大盛りのカツカレーを食べているのである。

私は、店の表の張り紙に「本日のオススメ！　カツカレー５００円！（大盛可）」の文字があったのを思い出した。

「無意識って怖いよな……」

私は思わずそうつぶやいていた。

「え？　なんですか？」

A氏は、怪訝《けげん》そうな顔をして私を見ている。

慌《あわ》てて、「なんでもないです」と取りつくろって、私たちは店を出た。


カツカレーを食べていた二人の男性は、おそらく、値段が安く「お得」だからそれを選んだのだろう。

もし、あのとき張り紙に、「本日のオススメ！　生姜焼き定食500円！（大盛可）」と書かれていたら、そっちを選んでいたはずだ。

安くてお得だからとモノを買ってしまう人は、「安いモノ＝お得なモノ」という方程式が、頭の中で出来上がってしまっているのだ。

だから、安いモノを見ると、無意識にそれを選んでしまう。


彼らは標準体重をかなりオーバーしていた。もし自分の健康に気を使っているなら、「カツカレーだとカロリーが高過ぎるから、あっさりした焼き魚定食にしておこう」ということくらいは考えただろう。

例え、カツカレーより焼き魚定食のほうが、１００円高かったとしても、本当の意味ではそっちの選択が自分にとって「お得」だということをわかっているからだ。

ただ無意識に、「安いモノ＝お得なモノ」だと思って選んでいると、結果的に人は「安さ」の代償に、たくさんのモノを失い、手放すことになるのだ。

ここでは〝健康〟という財産をムダ使いしているといえるだろう。


このように、無意識でお金を使うことは、実は怖いことなのだ。


「でも、安いモノを選んでいるんだから、節約にはなるんじゃないの？」

と思ったあなた。

たしかにそれは一理あるかもしれない。

特に、日々使えるお金に制約のあるサラリーマンはなおさらだ。

だが、思い出してほしい。この二人は店で、「お金が貯まらない」という話をしていた。安いモノを選んで節約しているのに、彼らはなぜお金が貯まらないのだろうか。

密かにチェックしていたのだが、あの二人のサラリーマンは、擦り減った靴を履き、特価で買ったと思われる、よれよれのスーツを着ていた。

おそらく、ふたりとも営業職だろう。

「着るモノまで節約していい心がけ」なんて思ってはいけない。申し訳ないが、私自身は「擦り減った靴を履き、特価で買ったと思われる、よれよれのスーツを着た営業マン」から、モノを買おうという気にはなれない。

シワのないスーツにピカピカの靴、清潔感のある人はやはり好感が持てる。みすぼらしい人間がすすめる商品はどんなにすばらしい商品でもみすぼらしく見えるのだ。

営業マンにとって、スーツは戦闘服みたいなものだ。

そんな大切なモノを、「特価19000円パンツ2本付き」で買ってしまっていいわけがない。

彼らは、**お金が貯まらないのではなくて、必要なことにお金をかけないから、「稼ぐ人」になれない**のだ。

もしかすると、いつもより少しだけお金を出して、仕立てのよいスーツをパリッと着こなし、靴のかかとを修理して磨き上げるだけで、大きな契約が一本とれるかもしれないのに——。

いつもより少し身だしなみに気を使っただけで信頼を得られるなら、安上がりではないだろうか。

大事なことは、**「安いから」ではなく、「自分にとってお金をかけるべきモノだから」という基準で選べるかどうか**だ。

それが、あなたの将来を左右する。

「安いモノ＝お得なモノ＝節約になる＝お金が貯まる」という方程式は今すぐ頭から追い払い、自分の価値基準を持つよう心がけよう。

■お金の使い方には、その人の「器《うつわ》」が表れる

以前、講演会のときに私に相談を持ちかけてきた、医療器具メーカーに勤めるHさんの話をしよう。

彼は、将来独立して、自分の会社をつくりたいという夢を持っていた。真面目な性格のHさんは、資本金を貯めるためにせっせと貯金をし、いらないモノにお金を使うことは極力避けていたらしい。

ある日、Hさんが社内の給湯室の前を通りかかると、女子社員たちが噂話をしているのが耳に入ってきた。

いつものことなので気にせず通り過ぎようとしたのだが、どうやらその話が自分のことだと気づいて思わず足を止める。

「ねえねえ、営業のHさんてどう思う?」

「え?　ああ、Hさんね。そうだなあ……お金にちょっと神経質なところがあるよね」

「やだ。それってケチってこと？」

「だってさぁ、この前、営業部の人たちと何人かで飲みに行ったとき、Hさん1円単位まで割り勘にしてたんだよー」

「えっ、ほんと？　信じらんなーい（笑）」


Hさんは、手に持っていた営業資料の束を、危うく廊下にぶちまけそうになった。

「そんなことを言われたって、ない袖は振れないし、将来のために貯金だってしなくちゃいけないし……いったいどうしたらいいんでしょう……」

Hさんは泣きそうな顔で、僕にそんな相談を持ちかけてきたのだ。

お金はあまり使いたくないけど、会社では気前のいいところも見せたい――。こんな矛盾した気持ちを抱えながら働いている人って、実は結構いるんじゃないだろうか。

実は私自身は、20代の頃、塾講師の仕事をしていた。

月給は50万円と羽振りが良かったので、毎晩、後輩の講師を連れてキャバクラに飲みに行っては、大盤振る舞いでおごりまくっていた。

Hさんのような高い目標もなく、「その日が楽しければそれでいい」という刹那《せつな》的な生き方をしていたのだ。

たぶん、気前の良さで私の右に出る者はいなかったはずだ。

「それだけ面倒見の良い先輩なら、部下に慕《した》われたんじゃないですか？　そういうのって、うらやましいな」

私が自分のエピソードを話すと、Hさんは、ため息をつきながらこう漏らした。

たしかに、毎晩景気良くおごっていれば、人はついてきてくれる。

仕事のときだって、なにかと指示を出しやすいし、摩擦だって起こりにくい。

こっちはお金を出しているスポンサーなんだから、どこか上から目線で威張っていられる。

こんなに気持ちのいいことはない。

だが、同僚や後輩が、私のことをどう思っていたかは、本当のところよくわからない。

「田口さん、今日もパアーッと行くんでしょ？　お供しますよ。もちろん田口さんのおごりで！」

調子のいい言葉をかけてくる後輩の言葉には、どこか「おごってもらって当然」という気持ちが見え隠れしていたし、そこには、私に対する敬意というものは微塵《みじん》も感じられなかった。

そんな引っかかりを感じながらも、若くて勢いのあった私は、飲みに誘われればいつでもノリノリでこう答えていた。

「まっかせなさーい！」

しかし、いくら月給が50万円あろうと、毎晩毎晩何万円もおごりまくっていたら、お金なんてすぐになくなってしまう。それでも私は、カードで借金を繰り返し、気づけば20代後半にして約５００万円もの借金を抱えてしまっていたのだ。

「じゃあ、その後はしばらくは、田口さんも節約生活をしていたんですよね？　私のように肩身の狭い思いをしたんじゃないですか？　ね、そうでしょ？」

すがるような眼で、そう聞いてくるHさんに、私は次のようなアドバイスをした。

たしかに、お金を貯めるばかりでは、人間関係に支障が出ることがある。

仕事場での人間関係を円滑にするためには、ある程度の出費を覚悟しなければならない場面もあるだろう。

しかし、20代の頃の私のように気前のいい人間を装っていたら、お金は出て行くばかり。

貯金なんて永久に無理と言わざるをえないだろう。

これを解決するには、「お金を使う場面」を決めておくしかない。

私が、「お金を使うと効果的」だと考えるのは、部署での打ち上げや、仲間内で行う歓送迎会など「オフィシャルの場面」だ。

あまり人数が多いと大変だが、部でのこぢんまりとした打ち上げなどには出席し、そこでドンとお金を支払ってあげると良い。

そうすれば、会社の人間関係を大事に思っていることは十分に伝わるし、誰もその人のことをケチだとは思わないだろう。

その代わり、出席するのは一次会のみ。ダラダラと二次会とかに行くのはNGだ。

もちろん、普段のランチや、会社帰りの同僚との飲みの席などプライベート感の強い場合では、いっさいおごる必要などない。

そこでおごれば、「この人を誘えば、いつでもお金を出してくれる」と、期待する人だって出てくるかもしれない。

要は、普段からちょこちょこ無意味なお金を出す人にならず、大事な場面でお金を使える人間になれということなのだ。

そうすれば、気持ちのこもった、有意義なお金を使うことができる。

お金の使い方には、その人の〝人間性〟というものが出る。

使うべきところで使えば、思いが伝わり、共感も得られて人もついてくる。

そういう人の元へは、お金は集まってきやすい。

しかし、貯めてばかりでは、人望を得られず、いつまでたっても〝うだつ〟の上がらないままなのだ。

お金は、あなたの思いがもっとも効果的に相手に伝わるような場面で使うようにしよう。

■今いくら稼いでいるかは問題ではない

お金に対する考え方は、人によってさまざまだ。

ひたすら「貯める」ことに生き甲斐を持っている人、「これを買いたい！」という明確な目標を持ってコツコツと貯めては、一気にパーッと使ってしまう人、身を粉《こ》にして真面目に働いているのに、自分が稼いだお金を使うことに罪悪感を持っている人……。

あなたは、どのタイプだろうか？

たしかにお金は大事だし、いざというときのために、ある程度の貯蓄は必要だ。しかし、人生を豊かにするためには、**「いくらお金を持っているか」ということよりも、むしろ「持っているお金をどう使うか」ということのほうが大切だと私は感じている。**

特に、私の父母を見ていて、そう感じることが多いので、この機会に父母のエピソードを紹介してみよう。

私の父母は、長年夫婦で保険代理店を営んできた。

努力の甲斐あって事業は成功し、息子の私に経営を委ねてからは、ふたりは、ある程度の資産と、時間を自由に使える身分になっている。

父は、あまり外に出ることを好まず、家の中にこもって毎日デイトレードをしている。資産を減らしたくないと思っているのか、他に使い方がわからないのか、とにかく毎日、眉間にシワを寄せて数字とにらめっこばかりしているのだ。

母は、父とは対照的にとても社交的だ。

友達と海外旅行に出かけたり、ダンスを習ったり。文字どおり、人生を謳歌《おうか》しているように見える。

今ではすっかり海外旅行にも慣れ、とうとう月に一度のペースで、海外へ一人旅するほどにまでアクティブになっている。

このように、はたから見ていても、父と母では人生の楽しみ方がぜんぜん違うのだ。

父にも、もう少し母のような活動的な部分があればもっと人生が楽しいだろうに……と、息子としてはちょっと心配になるときがあるほどだ。


もちろん、「お金を減らしたくない」「お金を増やすのが楽しい」という父の気持ちもわからなくはない。しかし、増やすだけで使い方を知らない父を見ていると、

「いったい、何のためにお金を貯めているの?」

という素朴な疑問を投げかけたくなってしまうのだ。

一方、母は、仕事をしていた頃よりずっとイキイキしているし、母の活発さは、家族やまわりの人にも良い影響を与えているように感じる。

ひとつたしかなことは、「いくら大金を持っていても、お金は決して墓場まで持って行くことはできない」ということだ。

「金は天下のまわりもの」という諺《ことわざ》があるように、**お金は使って社会に還元してこそ価値が生まれる。使わないまま貯めていたのでは、ただの紙切れと同じなのだ。**

もちろん、自由になるお金もないのに、毎月海外旅行へ行けと言っているのではない。しかし特に男性は、リタイアしてからいきなり「お金を楽しく使おう！」と思っても、女性のように社交的ではないぶん難しい。だから若いうちから、ある程度、「楽しくお金を使う方法」を身につけておく必要がある。

若いうちは、お金の使い方で失敗することもあるだろう。

私だって20代の頃は、毎晩キャバクラでお金を使いまくって500万円もの借金を抱えてしまった。

しかし、「こんな苦い経験があったからこそ、今こうして本を書くことができている」と考えれば、巡り巡って自分の役に立っているということになる。

もちろん、「君も遊びまくって500万円の借金をつくりなさい！」などと言っているわけではない。無茶な生き方をすることが人生を謳歌していることだと思い込むのは、若い人にありがちな勘違いだ。

しかし、一見マイナスとしか思えないようなことでさえ、あとあと自分の血肉になることはたくさんある。

むしろ、そういう経験や失敗をせずに年をとってしまった人のほうが、晩年になってから大きなお金の過ちを犯すケースが多い。

だから若いうちは、お金を使うことに、臆病になり過ぎる必要はないのだ。

試行錯誤を繰り返しながら、「自分への投資」になるお金の使い方を探っていくうちに、正しいお金の使い方というものが見えてくる。

「これをやってみたい」ということがあれば、思い切って挑戦してみよう。

それは、将来あなたにとってかけがえのない財産になる可能性を秘めているはずだ。

もしかりに、世界一周をしたとしたら、そのお金は、将来あなたが外交官や通訳になったときに回収すれば良いではないか。

せっかくの貴重な経験を「浪費」で終わらせるか、「投資」に変化させるかは、自分次第。

ひとつだけハッキリしていることは、**「経験しなければ何もはじまらない」ということだ。**

■今の年収よりも、5年後の年収を上げろ

私の講演会によく足を運んでくれるIさん（男性・24歳）は、都内の人材派遣会社に入社して2年目になるサラリーマンだ。

いつも、会うたびに、

「田口さん！　今日の講演も勉強になりました！」

と言って、元気よく声をかけてくれるＩさんなのだが、ある日の講演会であいさつに来てくれたときは全く元気がなかった。

「今日はなんだか顔色が良くないね。仕事が立て込んでるの？」

「あ、すいません、田口さん。俺、そんな暗い顔してました？」

Ｉさんは、いつもどおり明るい笑顔を見せてそう答えたが、しばらくすると、また元気がなくなってしまう。

心配になった私は、講演会の後の懇親会で、Ｉさんに事情を聞いてみることにした。

少しお酒が入ったＩさんは、思いつめたような顔で次のように話しはじめたのだ。

「いや〜、最近、なんか仕事のヤル気が起きなくて……。だって、先輩を見てもここ数年まったく給料が上がっていないみたいだし、俺このまま今の会社で働いていて大丈夫なのかなって。だからといって、入社2年目で転職しても、今より条件のいい会社に移れるとは限りませんよね。もしかしたら5年後も10年後も、手取り25万円の給料が続くんじゃないかと思うと、なんだか絶望的な気持ちになるんです。だから最近ヤケになって、家に帰ったらゲームばかりしちゃってます……」

私は彼の悩みを聞いて、しばらくどうアドバイスをしたらいいのか悩んでしまった。ひと昔前までは、年齢とともに給料は上がっていったので、「頑張っていれば大丈夫だよ！　まずは3年ガマンしろ！」とアドバイスできただろう。

しかし今のご時世、いくら年を重ねてスキルを積んでも、大幅に給料が上がることなんてまずないだろうから、これはなかなか難しい問題だ。

先の見えない世の中で、「頑張っても給料なんか上がるはずがない」と、諦めてしまう若い人の気持ちもわからないではない。

だからといって、安易に転職をすすめるのも無責任だし、もし転職できたとしても、今より状況が良くなるとは限らない。

いや、このご時世だ。今転職しても、きっと状況はどんどん悪くなってしまうことだろう。

では、Iさんのようなケースの場合、どうすればいいのだろうか？

結論から言うと、**「会社に期待するのをやめる」**ことだ。

若い頃に稼げないのは当たり前だが、「今の会社に勤めていたって、5年後も10年後も状況が変わらないのではないか……」と思うから絶望的な気分になるわけだ。

つまり、「5年後には稼げるようになる」という見通しが立てば、彼もモチベーションが上がるだろう。

しかし、Iさんが不安を感じているように、会社勤めを長く続けていたからといって、大幅に給料がアップするようなご時世ではない。

だったら、会社以外の場所で収入を得る方法を考えることが肝心だ。

別に、会社からもらう給料だけが、〝収入〟ではない。

目を向ける場所を、会社の中ではなく、外に向けてみれば、新たな可能性があることに気づくのではないだろうか。

例えば、投資だ。

本屋さんに行けば、投資関連の書籍が平積みになっているのを見たことがあるだろう。

株式投資の勉強をして、少しずつでも資産を増やしていけば、5年後に収入をアップさせることも夢ではない。

英語などの語学を身につけるのもいいだろう。

本業で使う機会があるならもちろん、英語を使った仕事で副収入を得る方法だってある。

私の知人は、英語を猛勉強して、通訳ガイドの資格を取得し、会社が休みの週末は、外国人向けの観光ガイドをやって副収入を得ている。

このように、会社で稼げないのなら、他で収入を得る方法をどんどん考える。

腐っていたって、状況は何も変わらない。ぐずぐず考えている暇があったら、今すぐ「自分への投資」をはじめることが、将来の収入アップにつながっていくのだ。

私がIさんにこうしたアドバイスをすると、Iさんにいつもの笑顔が戻った。


ゲームをして今だけ楽しんでいても、年収は上がらない。

漫画を読んで笑い転げていたって、お金は稼げない。

夜更かししてテレビを見ていたって、なんのスキルも身につかない。

将来を悲観して絶望している間に、「あっという間に5年経ってしまった……」なんてことにならないように5年後、10年後の「自分への投資」をはじめよう。

第二章

豊かな生活をつくるには、お金を「良く」使いなさい

■喫茶店でモーニングを食べる人は、ホテルで朝食を食べる人にはなれない

先日の早朝、仕事の打ち合わせで、以前私が働いていた保険会社の近くを通りかかる機会があった。

すると、当時毎日のように立ち寄っていた喫茶店が、古ぼけた面影のまま営業を続けていた。私が保険会社に勤めていたとき、毎朝その喫茶店でモーニングを食べてから出勤していたのだ。

「会社を辞めてから10年くらい経つのに、まだこの喫茶店、営業してるんだな……」

私はそう独りごちながら、懐かしさのあまり、ウィンドー越しに中をのぞいた。

すると、入口近くの窓際の席に、見覚えのある男性が座っているではないか！

「えっと、誰だっけこの人……」

私は店内の男性を凝視しながら、当時の記憶をたぐり寄せた。

「あ！　思い出した！　僕のライバルだった男だ」

私は思わず、大声を出しそうになった。

というのも、私が気に入っていた入り口近くにある窓際の席を、彼と競うように取り合っていたからだ。

その窓際の席は、いわば私の指定席のようなものだった。

しかし、彼もその席を気に入っていたようで、私の到着が少しでも遅れると、決まって彼が窓際の席に陣取っていたのだ。

「それにしても、この男性、10年経った今でも窓際の席に座って、毎朝同じように新聞を読んでいるんだな……」

まるで、この喫茶店の中だけ時間が止まっているように感じたが、くたびれたネクタイと、彼の頭に増えた白髪の数だけが、10年の月日を物語っているようだった。

何かやるせない気持ちを抱いてしまった私は、足早にその場を立ち去った。

その後、ホテルのラウンジに移動して打ち合わせをしているときも、私はさっきの男性のことがずっと頭から離れなかった。

おそらく、喫茶店の近くに、あの男性が勤めている会社があるのだろう。

かつての私がそうだったように、毎日出勤前に、あの喫茶店に立ち寄って、窓際の席に陣取り、モーニングを食べながら新聞を読む……。

それが、彼がこの10年間繰り返してきた日常なのだ。

失礼ながら、私には彼が、当時から何も進歩していないように思えた。


そういう私だって、この5年、10年順風満帆というわけではなかった。いやむしろ、紆余曲折があり過ぎた。

家業の保険代理店を継いだのはいいが、父母との間では仕事のやり方をめぐって絶えず言い争いが続いていた。当時抱えていた500万円の借金を返済するために、質素な生活を徹底し、2年ほどで完済した。少しずつ家業を軌道に乗せ、父母とも和解し、それほどぜいたくしなければ、資産だけで生活できる経済の基盤も築くことができた。

このように一進一退を繰り返しながらも、確実に前進してきたと言える。

しかし彼は、**この10年間何も変わらず、同じ行動パターンをただ繰り返していた**ように思えたのだ。

同じ喫茶店に入り、同じメニューを頼み、同じ新聞を読む。

おそらく、一見退屈に見えるそんな繰り返しが、彼にとっては一番楽だったのだろう。いちいち面倒なことを考えなくてすむのだから……。

でも、そんな生活に甘んじていて、果たして未来は開けるだろうか？

特に、若いうちから変化のない生活を良しとしていたのでは、いつまで経っても古ぼけた喫茶店から抜け出すことはできないだろう。

日々のちょっとした場面でもチャレンジをし、少しでも前進しようとしている人は、めまぐるしくいろんなことを考えているものだ。

仕事上の重要な決定事項はもちろんのこと、「今日のランチは、いつもの定食にするか、それとも今まで食べたことのないメニューを注文してみるか」といった小さな選択でさえも、いちいち頭を使うのだ。

しかし、「面倒だから、いつもと一緒でいいや」と、思考停止してしまっては、そこで成長はストップしてしまう。

もちろん、成長が止まれば、今よりお金持ちになるチャンスは訪れないだろう。

「田口さん、そんなこと言うけど、そのサラリーマンだって、ひょっとしたら出世しているかもしれないじゃん」

と思った方もいるだろう。

たしかにそうかもしれない。

当時は平社員だった彼も、10年たった今では課長クラスくらいになっていたっておかしくはない。

かりに平社員のままだとしても、副収入でガッポリ稼いでいる可能性だってある。

しかし、**人は成長して、それなりにお金を持つようになると、身なりや行動、立ち振る舞いなども、それらしく成長していくものだ。**

落ち着きがあり、自信に満ちていて、決して偉そうではないのだが堂々としている——。

人間的にも成長し、稼ぐ力をつけている人というのは、そういうオーラを発している。私自身、数多くそういう逸材を目にしてきたが、お世辞にもそのサラリーマンからは、そういった輝かしいオーラを感じなかった。

出世をしたり、お金を稼ぐようになったりすることがすべてではない。

しかし私は、向上心を持っている人のためにこの本を書いているので、あえて言わせてもらう。

マンネリになりがちな日常だからこそ、ちょっとしたチャレンジをしてみよう。

例えば、いつも同じ喫茶店に入るのではなく、「もっとおいしいモーニングを出してくれる店はないかな」「近くに新しいカフェができたというから行ってみよう」と、小さな変化を求めてチャレンジするのだ。

たまには、どこかのホテルで「朝食会」でも開いて、異業種の人たちと優雅にホテルの朝食を食べながら交流するのもいいだろう。

もしあなたが、「近くて便利だし、他の店に行くのも面倒だから」といった惰性的な理由で同じ喫茶店に通い続けるようなタイプだったとしたら、人生のすべての場面で成長の機会を逃してしまう。

たまには古ぼけた喫茶店から飛び出して、新天地を求めてみてはどうだろうか。

■飲むべきは、深夜の酒ではなく朝4時のコーヒー

午後7時――。

今日も仕事でいろいろトラブッたけれど、なんとか無事に切り抜けた。

一日の疲れをとるには、やっぱりこれでしょ。

「よーし、仕事終わりに一杯いきますか！」

そう言って同僚を誘い、夜の街に繰り出すあなた。

おそらく、あなたの一日の締めくくりは、こんな感じではないだろうか？

お楽しみのところ水を差すようで申し訳ないが、ここでひとつ確認しておきたいことがある。


あなたが飲みに誘っているその同僚は、毎回同じ人ではないだろうか？

あなたが飲みに行くその店は、毎回同じ居酒屋ではないだろうか？


「えっ？　もちろんそうだけど、なにか問題でも？」

そう答えたあなた。

残念ながら今のままでは、人間的にも成長もできないし、稼げるようにもならない。

もちろん、なじみの店があるのはいいことだ。

楽しいお酒を飲む仲間がいるのも素晴らしいことだろう。

しかし、毎回同じ人と、同じ店に飲みに行っていると、どんどん慣れ合いの関係になって、お互いに学ぶものが何もなくなってしまう。

いやむしろ学ぶことがないどころか、お互いにとってマイナスになることも少なくない。

例えばこんな感じだ。

「いや～、今日も部長から企画書を書き直せって言われてさ。部長が言うとおりにつくったのに、『そうじゃない！』って言うんだぜ。なら自分でつくれっつーの!!」

「ホント、頭にくるよなぁ。こんな会社、貯金さえあればさっさと辞めてやるのに」

「なんだか気分がおさまらないから、場所変えて飲み直そうぜ。ほら、いつものあそこなら、安く飲めるからさ」

「よしもう一軒、いつものところに行くか！」

そして気づけば、終電を逃して近くのネットカフェで一泊、なんてことに……。

あなたはこんなことを、月に何度も繰り返しているのではないだろうか。

一軒目の居酒屋で、一人3000円。

二軒目の立ち飲み屋で、一人2000円。

そしてネットカフェの〝朝までパック〟で、一人1000円。

合計、一人あたり6000円だ。

かりに、月に4回同じようにお金を使っていたとすると、ひと月あたり2万4000円ものお金を、何の成長ももたらさない時間に費やしていると言えるだろう。

お酒は、コミュニケーションのツールだ。

うまく活用すれば、相手との距離を縮めることもできるし、大切な商談をまとめる役割さえ担ってくれる。

しかし、毎回同じ人と同じ店で、同じ話をしながらお酒を飲んでいたって、何の成長にもつながらない。

当然のことながら、成長がなければ、今以上にお金を稼ぐことなんてできないだろう。

少々キツい言い方かもしれないがハッキリ言っておこう。

会社の同僚と仲良く飲んでいるうちは絶対にお金持ちになれない。馴れ合いの関係にあぐらをかく人が成功なんかできるはずないのだ。


たまには発散したいだろうから、なじみの人と、なじみの店に行くのもいい。

いっさい行くな！　とは言わない。

しかしそんな場合には、一次会でさっくりと切り上げるのが、人に抜きんでて成長する人のお金の使い方だ。


考えてみてほしい。

ネットカフェから直接会社に出社し、一日中眠そうに仕事をしているサラリーマンが、将来的にお金を稼げるような人物になると思うだろうか？

「稼ぐ人」は、次の日に影響するようなダラダラ飲みはしない。

飲み会はさっさと切り上げて、十分に睡眠をとり、朝早く起きて冴《さ》えた頭で仕事をしている。なぜなら、朝は人間の脳が一番効率良く働いてくれる時間帯だからだ。

朝のゴールデンタイムに集中して仕事をすることで、良いアイデアを思いついたり、効率良く仕事を進めたりすることができる。

つまり、将来的に稼げる人間になりたいなら、「飲むべきは深夜の酒ではなく、朝4時のコーヒーだ」とでも言ったところだろうか。

お酒の飲み方を見れば、その人の将来が見通せるのだ。

朝、誰よりも早く来てスマートに仕事をしている人。

始業直前にオフィスにすべりこみ、眠気と二日酔いに必死にたえながらなんとか仕事をしている人。

どっちのほうが「会社に頼られる人材」になれるだろうか。

ハッと思うことがあったなら、明日の目覚まし時計を4時にセットして、今夜は9時にはベッドに入ろう。

■「暇つぶし」にお金を使うな

土曜日の昼下がり。

ようやくベッドから起き出したあなたは、顔を洗い、部屋のカーテンを開ける。

外は抜けるような青空だ。

窓を開けると、心地良い風がカーテンを揺らしていく。

「よし、天気も良いし、外にでも出てみるか」

近所をぶらつきながら、何をして過ごそうか思案するのだが、いざ出てみると、これといってやることがない。

「観たい映画もやってないし、行きたいところも特にないな……」

だんだん考えるのが面倒になってきた頃に、駅前のパチンコ店が目に入る。

「どうせなら、ちょっとお小遣いでも稼ぎますか」

自動ドアを抜け、騒がしい店内に入ると、一気に気持ちはハイテンション。

「これこれ！　このワクワク感がたまらないんだよね！」

喜び勇んで台を選び、最初のうちは調子良く打っていたのだが、しだいに出玉は減っていき、財布にあった1万円札はどんどん機械に吸い込まれていく……。

「ここでやめたら、大損じゃないか。なんとしても取り返してやるぞ！」

気がついたら6時間が経過。

稼ぐどころか、なんと、持っていたお金を全部すってしまった。

あなたの休日の過ごし方が、私の想像どおりでないことを祈るばかりだ。

せっかくの休日を、パチンコをして過ごすなんてお金と時間の無駄以外の何物でもない。

そもそも、「パチンコで稼ぐ」などという発想が、将来お金を稼ぐようになる人の発想ではないし、実際にこれまでも、パチンコをやって「稼ぐ人」になったという例を、見たこともなければ、聞いたこともない。

なぜならギャンブルというものは、胴元が取り分を持っていって、その残りをみんなで分けあっているに過ぎないのだから、トータルで負けるのは当たり前なのだ。

だから、「暇つぶしにパチンコでも……」ということなら、家で寝ていたほうがまだマシだ。

かといって、一日中家でネットサーフィンをしたり、スマートフォンでゲームをしたりしている人も同じだ。

いったいどれだけの時間を「浪費」しているか考えてみたことはあるだろうか？

例えば、一日、ネットサーフィンやゲームなどに費やす時間が4時間だとしよう。その4時間を時給1000円の仕事に費やしたとしたら、一日4000円、一週間5日働いたとして2万円もの金額を手に入れることができる。

このように、あなたがインターネットやゲームに費やしている時間を時給に換算したら、いかに時間をムダに過ごすことがもったいないかがわかるはずだ。

本当に娯楽が好きなら、その道のプロを目指せばいい。

実際に、漫画のプロ、ゲームのプロ、SNSやブログで稼ぐプロという人たちは存在している。

だが、「暇だから」「他にやることがないから」という程度でやっても、プロには絶対になれないことくらい、誰にでもわかるだろう。

主体的にやるならいいが、空いた時間をつぶすために娯楽をやっているうちは、絶対と言っていいほど稼ぐ人にはなれない。

今は稼ぎが少なくても、将来的に稼げるようになるためには、自分にスキルを付けるために集中的に時間を費やさなくてはならない。暇つぶしの時間などはないのだ。

もちろん、たんなる暇つぶしではない、〝休暇〟は誰にとっても必要だ。

稼げるようになる人は、休暇の日でもだらだら過ごしたりせずに旅行に行くなどして主体的に過ごす。そうして次の仕事にはずみをつけるのだ。

暇つぶしなどという感覚では疲れはとれないし、新しい発見もないからだ。

暇つぶしにお金を使うことが、いかに人生をムダにしているか――。

日頃からその点を意識していないと、5年など、あっという間に過ぎ去ってしまう。予定のない日曜日にボーッとテレビを見ていたらいつのまにか夕方になってしまうように……。

もしも、急に時間が空いて手持ちぶさたになったときは、自分自身を見つめ直す時間にあてよう。

「自分がこれから進もうとしている道は正しいか」

「この方法であっているのか」

そんなことを自問自答していると、自ずとやるべきことが見えてくるはずだ。

こんな偉そうなことを言いつつも、実は私も、かつてはパチンコや競馬などにはずいぶんお金と時間を注ぎ込んだ。

人のことを言える立場ではないのだが、経験者が自戒を込めて、「やめておいたほうがいい」と言っているのだから、素直に聞いてもらえるとありがたい。

時間つぶしは人生つぶし。限りある人生を有効に使おう。

■何かを買う前に、「いらないモノ」を売れ

私にとって、「本当に必要なモノ」は、それほど多くはない。

ペンだって、お気に入りの万年筆が一本と、赤・黒・青の3色ボールペンが一本あれば、十分間に合う。

洋服だって、講演会で着るスーツが2着程度と、あとは普段着のジーパンやシャツが数枚程度あれば困ることはない。

食べるモノだって、新鮮な野菜と、ちょっとしたつまみ、そしておいしいお酒があれば大満足。

時計は、5年ほど前からまったくしなくなってしまったので不要だ。

このように、自分にとって本当に「必要なモノ」が明確にわかっているから、たとえウィンドーショッピングの途中で、「おっ、この万年筆かっこいいな。欲しいな」と思っても、すぐには購入しないことにしている。

家に帰れば、まだまだ使えるお気に入りの万年筆があるのに、もう一本買ってしまうと確実に一本は「宝の持ち腐れ」になってしまうからだ。

しかし中には、「私にとって万年筆をコレクションすることは、何よりも楽しみなんです！」という方がいるかもしれない。

それほど明確に、「自分にとって万年筆が必要！」とわかっている人の場合は、何本買っても文句はない。それは趣味だから。絶対に後悔しない、心がウキウキする買い物だからだ。

ただ、「別にそれほど必要じゃないけど、なんとなく欲しいな……」というくらいの中途半端な気持ちで新しいモノを買うくらいなら、「今持っている万年筆を捨ててから買え！」と、私はアドバイスをしている。

「そんなムチャクチャな……」

「もったいないよ！」

と思う人もいるだろうが、それくらい真剣に「自分にとって必要なモノ」を見極め、責任を持ってお金を使わないと、将来的に「稼げる人」にはならない、というのが私のお金に対する考え方だ。


例えば、「新しい靴を買いたい」と思ったとき、ちょっと立ち止まって考えてみよう。今、目の前であなたが「いいな、これ欲しいな」と思っている靴。実はそれと同じようなデザインの靴が、あなたの家の靴箱に眠っているのではないだろうか？

もし、それでも目の前にある新しい靴を買いたいと言うのなら、まず靴箱に眠っている靴を処分してから新しい靴を買おう。

逆に捨てるのがもったいないくらいの靴が家にあるならば、新しい靴は買わないことだ。

このように、**何かモノを買いたいと思ったときは、「家にある同じモノを捨てられるか？」と自問自答するクセをつけよう。**

自分にとって「必要なモノ」と「必要じゃないモノ」を再認識するキッカケになるし、それによって頭の中をスッキリ整理することもできる。

日頃から、「必要なモノ」と「必要じゃないモノ」を判別する訓練をしておくと、仕事においても瞬時に判断ができ、良いパフォーマンスをあげることができるのだ。

もしも、「あの靴なら捨ててもいいや」と思う程度の靴が家の靴箱に眠っているなら、さっさと手放してしまおう。

使用しないモノを持っていてもガラクタでしかないし、ネットオークションやフリーマーケットなどで売れば、有効活用してくれる人が現れるだろう。

誰かが継続して使ってくれるのであれば、モノを大切にすることにもつながるし、良心も痛まないですむ。

中には、思わぬ高値で取引されることもあるので、ちょっとした小遣いを稼ぐことだってできるかもしれない。

「いつか必要になるかもしれない、と思うと捨てられないいんです」

という人もいるだろう。

気持ちはわかる。

しかし、ここ1年の間に一度も使っていないモノは、おそらく今後一生使わない、と言っても過言ではない。

例えば洋服。

買ってから一度も袖を通していない洋服は、気に入っていない証拠だ。

そういう服を持っていても、タンスの肥やしになるばかりで、これから先も絶対に着ることはない。

また、買ってから一年以上開かなかった本なども、おそらくこれから先も読むことはないだろう。すぐに古本屋に持って行こう。

もし、また読みたくなったら、中古で安く買えばいいだけの話だ。

余計なモノに囲まれて暮らしていると、自分にとって本当に必要なモノが見えにくくなってしまう。

いらないモノを処分すれば、本当に必要なモノだけが残る。

自分にとって「必要なモノ」と「必要じゃないモノ」を認識する力を持つこと。

そして、「必要じゃないモノ」は思い切って処分する判断力を持つこと。

それが、将来的に稼ぐ力をつける第一歩にもつながっていく。

だからこそ、新しいモノを買うときは、今使っている同じようなモノを捨ててから買うくらいの覚悟を持っておいてほしいのだ。

■ランキング、人気、オススメは、ショッピングの禁句三ヶ条

昨今の世の中は、どこもかしこもランキング流行《ばや》りだ。

テレビでは、毎日のようにランキング番組を放送しているし、雑誌の特集などでも、ランキング記事がないものを見つけるほうが難しいくらいになっている。

街を歩けば、「売り上げ業界Ｎｏ．１！」とか「○○誌上で2年連続1位獲得！」などをうたったポップを見かけることも多い。

インターネットで買い物をするときは、売れ筋商品のランキングを確認してから買う人も増えているし、調べてからでないと絶対買わないという人もいるだろう。


ランキングのおかげで、人気のある商品はさらに売上が伸びる。

中でも、テレビの反響はとても大きいので、テレビ番組のランキングの上位に入った商品は、通常の数倍の売れ行きになることもある。

もともと売れている商品を紹介するのが目的の番組だが、それ自体、広告の役割も果たしてくれるのだから、企業にとってはうれしい悲鳴だろう。

このようにランキングは、買い物をするときの判断材料として、今や欠かせない存在になりつつあるのだ。

ところが、実際にランキング上位のお店や商品を試してみると、「あれ？　それほどたいしたことないな……」と感じたりすることはないだろうか。

あれだけグルメレポーターが絶賛していたのに、1位を獲得したラーメンを食べてみたら、しょっぱくてぜんぜん美味しくなかったり、興行収入No．1を記録した映画を観てみたら、あまりに退屈で途中からグーグー寝てしまったり……。

おそらくあなたも、一度くらいはそういう経験をしたことがあるのではないだろうか。

そんな経験をした直後は、

「ランキングって、アテにならないな」

「もうだまされないぞ！」

といった気持ちになるのだが、しばらくすると、その記憶ははるか彼方に追いやられ、「○○で1位獲得！」と書いてあるだけで、また無条件にその商品を買ってしまう。

私たちは、もはやランキングの魔力に逆らえなくなってしまっているのかもしれない。

もちろん、ランキングという言葉だけではなく、「大人気！」「オススメ」といった言葉にも要注意だ。

「そんなに人気があるなら、ちょっと買ってみようかな……」

とつられて、たいしたことのないモノを買ってしまいかねない。

「でも、みんなが良いと言っているのだから、それほど外れることはないんじゃない？」

そう思う人もいるだろう。

たしかに、多くの人が評価しているモノだから、大失敗する確率は低いかもしれない。

しかし、その評価は、不特定多数の人たちの「好みの平均値」であって、あなたの好みに合う保証はない。

だから、せっかく高いお金を支払っても、「ランキング1位のわりには、たいしたことないな」という物足りない結果に終わることが多いのだ。

では、何を指標にしてモノを選べば良いのだろうか――。

基本的なことだが、本来モノを手に入れる喜びというのは、あなた自身が、「これは誰が何と言おうと、自分の中でいちばんの商品だ！」と思えるモノを見つけ、そこにお金を使うからこそ生まれるのだ。

他人にとって、「え？　それのどこがいいの？」と思われるモノであっても、あなた自身が満足していれば、何も問題はない。

「蓼《たで》食う虫も好き好き」ということわざがあるように、すべての人が納得する良いモノなんて、おそらく存在しない。ランキング情報や「人気！　オススメ！」といった言葉につられて平均点以上の商品を手に入れたとしても、あなたがそれを気に入らなければ価値はないのだ。

何よりも私が心配なのは、ランキング買いばかりしていると、自分でモノの良し悪しを判断する力が育たなくなってしまうのではないか……ということだ。

例えば書店に行って、ランキング1位の本を購入して読んだとしよう。

あなたが日頃から片づけ上手な人だったとして、ランキング1位が「片づけの本」だったら、どうだろう？

役に立つどころか、あなたが本を書いて出版したほうが良いくらいではないか――。

今のは極端な例だが、自分にとって本当に役に立つもの、必要なものが何かということをランキングが教えてくれることはないのだ。

あくまで「今こんなのが流行っているのか」と知ることで、たとえば初対面の人との会話のとっかかりにしたり、今がどういう世の中であるのかを考えたりするのには、ランキングは良い情報かもしれない。

しかし自分に合う本というものは、自分でいろいろ読んでいくうちに、だんだんわかってくるものだ。

最初のうちは、選ぶのに失敗したりもするだろう。

だが、そういう経験をしないと、自分は何が好きで、何が嫌いかということすらわからないままになる。

稼ぐ力を持っている人は、自分が何を好きかをきちんと把握している。
世間の評判ではなく、本当に自分にとって必要なモノにお金を使うよう心がけよう。

■タバコを買うごとに、あなたの未来は冴えないものになる

アメリカでは、太っている人とタバコを吸っている人は出世できないと言われている。自分を律することができない人だと判断されるからだ。

ここ数年、日本でも、喫煙者は肩身の狭い立場に追いやられている。例えばあなたも、狭い喫煙スペースで肩身が狭そうにタバコを吸っているサラリーマンや、完全禁煙のレストランでタバコを取り出して、店員にたしなめられるお客さんの姿などを目にしたことがあるのではないだろうか。

実際、仲間とランチを食べに行くときも、以前は、ひとりでもタバコを吸う人がいると「じゃあ喫煙席にしましょう」と、タバコを吸う人に合わせて喫煙席に座るケースが多かった。しかし最近では、タバコを吸わない人に合わせて禁煙席を選ぶことのほう

が多くなっている。

もはや喫煙者は、どこへ行っても〝完全アウェー〟状態。これほど邪魔者扱いされるようになると、さすがのヘビースモーカーでも禁煙を考えはじめているのではないだろうか。


実は、そういう私も20代の後半まではヘビースモーカーだった。

当時は、タバコの価格が1箱250円くらいで今よりずっと安かったのだが、私は少なくとも一日に3箱は吸っていたので、ひと月で2万円くらいがタバコ代に消えていたことになる。

また私の場合は、タバコを吸っていると喉がいがらっぽくなったり、風邪をひきやすくなったりしたので、医療費も増えていった。

年々タバコに費やすお金はかさんでいくし、体調は崩すしで、何ひとつ良いことがないのでキッパリとやめることにしたのだ。

ここ数年、さらにタバコの価格は高騰し、ワンコインランチに匹敵するほどの価格になっている。かりに、一日1箱吸っていたとしても、そのお金を貯金に回せば、月に1万5000円は貯められるはずだ。

「タバコ代をちまちま貯めるくらいだったら、ストレス発散のためにタバコを吸った方がいいよ」

そんなことを言う喫煙者もいるだろう。

だが、あなたが**タバコを吸うことで損をしている金額は、実は一ヶ月1万5000円どころではない**かもしれないのだ。

例えば、こんなケースも考えられる。

大切な商談で、得意げに自社ソフトの説明をする営業マン。

「実はこのソフトはですね、会計処理が今までの3倍早くできるのが売りなんです。このボタンをポンとクリックするだけで、自動的にすべての値が表示されます。さらに、こちらに売り上げを入力していただくと、このように自動で分析グラフが表示され……

うんぬんかんぬん」

説明はわかりやすいし、なんだかとっても使いやすそうなソフトだ。

しかし、説明を聞いているお客の顔はなんだか曇っている。

なぜなら、その営業マンのスーツに染みついたタバコの臭いが、説明の間じゅうぷんぷん臭っていたからだ。

彼は、一日に2箱もタバコを吸うヘビースモーカー。自分では気づいてないようだが、彼がそばを通るだけでモワッとニコチンの臭いがする。タバコを吸わない人にとってみると、この臭いはたまったものじゃない。

結局、彼は契約を結ぶことができなかった。

もし、契約にいたっていれば、営業のインセンティブも付いたし、ボーナスだってアップしたかもしれない。

つまり彼がタバコのおかげで損をしたのは、月々のタバコ代1万5000円のみならず、営業のインセンティブや、ボーナスのお金など、ウン十万円にのぼるというわけだ。

これでは、仕事で成功をおさめて「お金持ちになる」なんてことも夢と消えそうだし、タバコのおかげで人生までも棒にふりかねない。

現代の成功者にタバコは似合わない。

タバコにかけるお金があるなら、タバコのせいで黄ばんでしまった歯をホワイトニングでもして、現代のリーダーにふさわしい輝く笑顔を手に入れたほうがいいだろう。

■不得意分野の買い物の仕方

私は、いわゆる〝機械モノ〟に、あまり興味がない。

パソコン、カメラ、DVD……どのメーカーが使いやすいのか、人気があるのか、そういったことにまったく疎《うと》いのだ。

パソコンに関しては、仕事で使うためにMacを一台所有しているが、文章を書いたり、ネットで調べ物をする以外には特に必要がないので、カスタマイズなどはせず標準スペックのままで使っている。

このＭａｃを購入したとき、店員さんとこんなやりとりがあった。

「メモリーは最低でもこのくらいはあったほうが快適ですよ」

「グラフィックは、このボードを搭載すると格段に速くなります」

「普通は、このケースを一緒に購入される方が多いですね」

「スロットが足りなくなった場合を考えて、最初から増設しておいてはいかがですか？」

私は、次々に提案してくる店員さんの話をさえぎって、こう質問した。


「あの、これって、標準のままじゃ使えないってことですか？」


店員さんは一瞬言葉を失ったが、すぐにこう答えた。

「いえいえ、もちろんこのままでも何も問題はありませんよ」

私は、目の前のＭａｃをそのままの状態で購入し、家に持ち帰った。

自分の興味のない分野のことを、あれこれ言われてもよくわからない。

よくわからないモノをくっつけても、ちゃんと使いこなせない。

だから、私は自分が得意でないモノを購入するときは、必ず標準仕様で買うことに決めているのだ。オプションを付けなくても、Ｍａｃはそれ一台だけで、ちゃんと必要な機能を果たしてくれている。


車を購入するときも、同じようなことがあった。

「カーナビはお付けいたしますか？」

「ホイールは、カスタム仕様にされるお客様が多いのですが、どうなさいますか？」

「内装なんですが、シートを変更すると格段にインテリアがグレードアップできますよ」

そのときも、私は熱心な営業マンを制してこう言った。

「あの、これって、標準のままじゃ使えないってことですか？」


オプションを付けることで、販売側は、より多くの利益を上げようと頑張っている。

実際、車などはオプションを付けることで、その価格が何十万円も変わってきたりすることもある。

それが自分の好きな分野で、主体的に購入するのであれば楽しいと思うが、わからないからといって、言われるままにオプションを付けていったら、とんでもない値段に跳ね上がってしまうことになるだろう。

自分には興味がなくても、どうしても必要なモノを買うときは、必要最低限の機能を持ったモノを買えばいい。

パソコンは文章が打てればいいし、車はちゃんと走ればいい。

それ以外に必要なことなんて、実は何もなかったりする。

自分がそれを買うことで「何がしたいのか」がハッキリしていれば、余計なオプションをすすめられて、言われるがまま付けてしまうなんてこともなくなるはずだ。

とはいえ、同じようなスペック、同じような値段の商品を目の前にして、「どちらを買おうか……」と迷うケースもあるだろう。

例えば、一眼レフカメラが仕事でどうしても必要になったが、どんな機種を買えばいいのか今ひとつわからないなんていう場合がある。

そんなときは、素直に詳しい人に聞くのがいい。まわりに、誰かひとりくらいカメラに詳しい人間はいるはずだから、アドバイスしてもらうのだ。

店員さんに聞くと、どうしてもすすめられるまま、余計な機能が付いた高額な商品を買わされてしまうケースが出てくるだろう。

だが、詳しい友人などに前もって意見を聞いておけば、判断を間違えないですむ。

事前に、自分が「一眼レフカメラを使って、何を、どう撮りたいのか」を、その友人に説明しておけば完璧だ。

その際に、「おしえて君」になってしまわないように、自分でもインターネットや書籍などで、ある程度下調べをしておくことは、マナーとして怠らないようにしておこう。

■年に一度、大きな出費をしよう

仕事で使う封筒を切らしていたので、通りかかった100円ショップに入ったときのことだ。

ＯＬ風の女性二人が、買い物カゴいっぱいに商品を入れて、楽しそうに店内を見てまわっていた。

「せっかくだから、これも買っちゃおうかな？」

「１００円だから、いいんじゃない？」

１００円ショップには、ありとあらゆる商品が並んでいるので、買い物好きな女性にはは楽しいのだろう。

以前は、１００円ショップというと品質が心配だったが、最近の商品はしっかりしたつくりのものが多く、オリジナルの商品も増えている。

思わず、「これも……」と買ってしまいたくなる気持ちもわからないではない。

しかし、たいして必要なさそうなモノまで、次々とカゴの中に入れていく女性たちの姿を見ていると、思わず「もうやめておいたら？」と、注意したくなるのは私だけだろうか――。

おそらく彼女たちの家には、以前にも「安いから」と言って100円ショップで買った同じようなモノが、あちこちに放置されているはずだ。

買い物をしているときは、アドレナリンが全開になっているから、「100円だし、いいや！」と思って、目につく気に入ったモノをどんどん買ってしまう。

しかし家に帰ってみると、例えば机の上に何本も転がっている100円の三色ボールペンを見て、「あっ、私このペンまた買っちゃった！」と、げんなりしているのではないだろうか。なぜ、何度も同じ失敗を繰り返してしまうのか。

それは、「100円」をあなどっているからだ。

たとえ100円でも、うまく使えば「投資」になるし、不要なモノを買えば、それは「浪費」になる。

三色ボールペンなんて一本持っていれば十分で、5本も買ったら「浪費」になる。

しかし、「100円だから、いいや」と、あなどっているから、次に100円ショップに行ったときに、過去の失敗を忘れてまた同じようなモノを買ってしまうのだ。「安物買いの銭失い」とはこのことで、学びのない買い物は「浪費」の繰り返しにつながる。

これは典型的な「悪いお金の使い方」。こんな使い方をしている人の元へ、お金は絶対に集まってこない。そうならないためにも、「良い」使い方をぜひ学んでほしい。

さて、お金の使い方を学ぶには、たまにはリスクのあるお金の使い方をしてみるのがいい。

つまり、お金を貯めておいて、ドンと大きな買い物をするのだ。

「本当にこれが欲しいのか？」「これが正しい選択なのか？」

大きな買い物をするとき、人はお金について真剣に考える。そうして真剣にお金を使うことが、毎日真剣に生きることにつながるのだ。

年に一度でいい。

前から憧れているが、値段が高くて躊躇《ちゅうちょ》していたモノを思い切って買ってみよう。

とても勇気がいると思うが、手に入れたときの満足感は、何物にもかえがたいものがあるはずだ。

良いモノを手にすると、それが、なぜその値段なのかがわかるようになる。

価値のあるモノには、それ相応の値段が付けられるということが、所有することで初めて理解できるのだ。

しかし、当然買い物に失敗することもある。

一生懸命お金を貯めて高級品を購入したものの、「何かしっくりこない」「自分の思い描いていたモノとは、何かが違う」ということだってあるに違いない。

でもそれは、所有したからわかったのであって、決してムダな買い物だったとは言い切れない。

例えば私は、20代のときにドイツの高級車を、カードローンを組んで購入して失敗した経験がある。購入したときはもちろんうれしかったのだが、乗って半年程度で興味を失ってしまったのだ。

その理由は、実は私がそれほど車好きではなかったことと、外車は維持費がかかるので、購入してからも何かとお金がかかって苦労したからだった。

しかし私は、この買い物の失敗で学んだことがある。

自分は、「高級な外車に乗りたいからではなく、人に自慢するために買っていたんだな」ということがわかったのだ。

20代の頃の私は、「俺はこんなにすごいんだぞ！」と、見栄を張りたいだけで、高い買い物をしていた。

当時は車だけでなく、高級時計やブランドのスーツも買いあさっていたが、すべて自分を大きく見せるためだったということが、実際に手に入れてみてよくわかったのだ。

それがわかるようになってからは、私は、買い物で失敗することはなくなった。

10年前に、マイホームを購入したのだが、他人に対する見栄で選んだのではなく、自分が本当に気に入った物件を購入した。

誰もがうらやむ今流行の「夜景がきれいに見えるタワーマンション」などではない。

地方の中古のマンションだ。

特におしゃれなマンションというわけではないが、自分の素直な気持ちに従って買ったので、今でもとても満足している。

このように、大きなお金を使って失敗した経験があって、初めてわかることもある。外車も、ブランドもののスーツも、高級時計も、一度購入してみなければわからない。経験しないとわからないことは、躊躇するのではなく、やってみるべきだ。高級なモノを買ってみて「自分には必要がない」と思ったとき手放せばいいのだ。

■いくつも資格をとるより、ひとつの語学を徹底的に磨け

事務用品メーカーに勤めている、知り合いのK子さんは資格マニアだ。簿記、色彩検定、アロマテラピー検定、ホームヘルパー……。このように、仕事の専門とはほとんど関連性のない資格をあれこれとっている。

ある日、私は思いきってK子さんにこう尋ねてみた。

「なんでそんなに資格をいっぱいとるの？」

「不安で仕方がないからですよ」

「不安って、何が？」

「自分の将来に決まってるじゃないですか！」

どうやらK子さんは、将来が不安だから資格をとっているらしい。

「じゃあ将来、起業か何か考えてるの？」

「え、そんなことぜんぜん考えてませんよ。何かの役に立つんじゃないかと思って、気になった資格をとってるんです」

K子さんの行動力とチャレンジ精神は素晴らしい。

しかし、K子さんには申し訳ないが、**「ほんとうに仕事ができる人は、資格をたくさんとったりはしない」**というのが私の持論だ。

なぜなら、自分の仕事に役立つ資格は、せいぜいひとつかふたつで、それ以外の資格を手当たり次第にとっても、ほとんど無意味。お金と時間の浪費でしかないからだ。

仕事ができる人は、それをわかっているので、本当に必要な資格を取得することにだけ、時間と労力をかける。

とは言いつつ、実は私も塾講師をしていた20代の頃、あれこれと資格をとろうとして失敗した経験がある。

行政書士や司法書士、そしてなんと大それたことに弁護士の資格までとろうとしていたのだ。

なぜそんな難関の資格ばかりとろうとしていたか。

それは、自分に自信がなかったからだ。

とにかく、聞こえの良い資格を取得して、まわりから「すごい」と思われたかった。

しかし当然のことながら、大金を注ぎ込んで予備校に通っても、結局、どの資格もとれずに終わってしまった。

……なんとも、もったいない話である。

しかし万が一、行政書士などの資格を取得できていたとしても、その資格をうまく活用することは難しかっただろう。

なぜなら士業というのは、一見、個人が独立して仕事をしているようなイメージが強いが、実際は資格をとったあとに、どこかの事務所に所属して、何年か修業するのが一般的だからだ。

いきなり独立してガッポリ稼ごうと思っても、何も実績がない人に、いきなり仕事を依頼してくるお客さんなどいない。

ましてや、最初からその業界にいるのではなく、転職して参入するとなると、余計にハードルは上がってしまう。

不利な戦いを強《し》いられる戦場に、わざわざ出ていくのは得策とは言えないだろう。

しかし不安定な世の中……。何か武器を身につけておきたい。そう考える気持ちはよくわかる。

そこで、私が最近オススメしているのは、**資格の代わりに「語学を習得する」**ということだ。

当たり前の話だが、語学を習得すると、コミュニケーションの幅が広がる。

そうなれば、ビジネスの場はもちろんのこと、あなたの人生そのものが豊かになるはずだ。

もちろん、何語でもいいのだが、まだ英語をマスターしていない人は、まず英語から習得するのが得策だろう。

英語は、公用語として世界でもっとも多くの人々に使用されている言語だからだ。

どこかの英会話学校のCMでも、「英語が話せると、10億人と話せる」というフレーズがあったが、まさにそのとおり。

英語を習得することは、あまり役に立たない資格を取得するよりずっと実用的で、かつ仕事の収入アップにつながる可能性も高い。つまり、リターンの大きい「自分への投資」というわけだ。

実は私も今、英語を学んでいる。

自分の著書が、海外でも翻訳出版されることになったので、せっかくだから現地の書店にも足を運んで、書店のスタッフや読者の方々と直接話をしてみたいと思ったことがキッカケだった。

せっかく海外へ行くのに、言葉がカベになってコミュニケーションがはかれないのはもったいない。

もちろん、通訳を付けるという方法もあるが、できればその場限りのコミュニケーションではなく、帰国してからも連絡を取り合って情報交換ができれば世界が広がる。もちろん、そうして得たネットワークは今後の仕事にも役立てることができるはずだ。

最近では、フィリピンと日本をインターネットで結んだ「スカイプ英会話レッスン」が、安くて質の高いサービスを提供している。

「え？　海外と日本で英会話？　費用が相当高くつくんじゃないの？」

と思った方もいるだろう。

そこは安心してほしい。

ご存じの方も多いと思うが、〝スカイプ〟というのは、インターネット上で無料で話せる通話サービスのことだ。

電話代が無料で、マンツーマンのレッスンが1回につき約25分。毎日レッスンを受けても、一ヶ月で5000円ほどの授業料なので、格安と言えるだろう。

「仕事が忙しくて時間がとれない」、「いきなり高い費用を払ってどこかに入会するのはちょっとハードルが高い」……。そんな人にはオススメの語学習得法だ。

日本にいながらにして、質の高い英語を学ぶ環境はかなり整っている。

「何か資格を……」と思っている方は、ぜひ英語習得にお金と時間を使ってみてはいかがだろうか。

■ジムに行くなら都心をねらえ

仕事を長く続けていると、時折感じるのが体力の衰えだ。

若い頃は、2～3日徹夜しても、その後ぐっすり眠ればすぐに回復したのだが、30～40代ともなればそうもいかない。

年齢とともに、体力の維持、強化は、必須の課題になってくるのだ。

私は普段、地元さいたま市にある、こぢんまりとしたジムに通って身体を鍛えている。ジムに通っていると、いろいろな人と知り合いになれるので、コミュニケーションの場としても面白い。

現役時代は、バリバリのビジネスリーダーだったというおじいちゃんたちから、当時の武勇伝を聞かされたり、息子に家業を引き継がせた人から「あいつはまだまだで……」というグチが飛び出したりすることもある。

ジムに行くのが昼間なので、そういうリタイア世代と顔なじみになることが多いのだ。

現役を退いているとはいえ、かつてビジネスリーダーを務めていた人間の言葉には説得力がある。

気が付くと、こちらもついつい、いろんなことを質問していることもしばしばだ。

あちらも、まあ暇だろうから、機嫌良く私の質問に答えてくれる。

たまに、目からうろこが落ちるような意見をもらうこともあるので、「このジムに通っていて得したな」と思うことも多い。


地元さいたま市のジムでも、これだけ多くの有益な出会いがあるのだから、**ビジネス街にあるジムに通えば、現役のビジネスリーダーたちを観察する機会に恵まれるかもしれない。**

東京で言うと、六本木や表参道あたりのジムということになるだろうか。

もちろん、「この人、何か教えてくれそうだ」と下心丸出しで近づくのはNGだ。相手からも警戒されるだろうし、プライベートを邪魔するのは失礼にあたる。

だが、同じジムに通って何度か顔を合わせているうちに、自然とあいさつを交わすようになり、それが会話に発展していく……という機会は自然に訪れるものだ。

そのチャンスを活かして、都心で働く現役のビジネスリーダーたちと話をしてみるのがいいだろう。

成功者たちの言葉を生で聞く機会というのはなかなかないものだ。

ジムでなら、普段はなかなかアポをとれない人とでも知り合いになるチャンスがあるし、サウナなどで出会えば、文字どおり裸の付き合いができる。

リラックスした雰囲気の中だからこそ、聞ける話も飛び出してくるだろう。

それがどれだけ自分に良い影響を与えてくれるかは、計り知れないものがある。

私のように、地元のジムに通うのもいいが、「これから仕事をバリバリ頑張ろう！」

という若い世代の方には、是非一度、都心のジムに通って見聞を広めてみてほしい。

もし、言葉は交わせなかったとしても、そういう人物と同じ空間にいるだけで、背筋が伸びて、自分も頑張ろうという気持ちになれる。

ジムは、身体を鍛えるためだけの場所ではないのだ。

第二章

稼ぐ仕事をする人はお金をこう使っている

■経費を節約すると、出世運が上がる

仕事がひとつ片付いたので、次の現場に向かおうと、駅に向かって急いでいたときのことだ。

通りに面したディスカウントショップから出て来たサラリーマン男性二人が、私とすれ違いざま、こんなことを話しているのが聞こえてきた。

「浮いた分で一杯やって帰ろうか」

「いつもの店でいいですよね？」

手には、ディスカウントショップで購入したであろう新幹線のチケットが握られている。

私は、二人を振り返って、心の中でこうつぶやいた。

「それって経費でしょ？　ダメじゃん」

会社から正規の料金で支給された出張旅費を、格安チケットを購入することで浮かせ

て、飲み代に使っている人たちをたまに見かける。

当たり前のことだが、経費というのは本来、会社のお金だ。浮いた分は会社にちゃんと申請をして、飲み代は自分のお金で支払うべきだろう。

「え～、安月給で働いてるんだから、出張で浮かした数千円くらいいいじゃない」

と思う人もいるだろう。

私は何も、モラルやキレイ事だけでそんなことを言っているわけではない。

わずか数千円の経費を浮かすことが、本当に自分の得になると思っているんだとしたら、それは大きな間違いだからだ。

ハッキリ言おう。

経費をごまかす人は「稼ぐ人」にはなれない。

お金持ちは、お金に関して驚くほどキチンとしている人が多い。例外はいるだろうが、私の知り合いはみんなそうだ。

お金を持っているからこそ、経費をちょろまかすなんてセコイことをしなくてもいいんでしょ、という見方もできるが、彼らはビジネスで成功する前から、お金に対して実に清廉潔白であるケースが多い。

お金にキチンとしている人は、ある種の「品の良さ」がある。

そういう人がお金に好かれるというのは、理屈では説明できない説得力のようなものを感じるのだ。

対照的に、「これくらいならいいだろう」と、日々お金をごまかし続けている人は、月日を重ねるうちに、そういうものが人柄や人相として表に出てきてしまう。

悪い人ではないのだろうが、どこか信用できない雰囲気がある。

不思議なことだが、顔を見たり、少し話をしたりするだけで、お金に対する姿勢というものは、何となく相手に伝わってしまうのだ。

信用できない人のところには、人は集まって来ない。当然、人が集まらなければ、お金だって集まらない。

経費をごまかす人は、「経費とは何か」がわかっていないとも言える。

経費をムダに使えば、会社の売り上げが伸びない。会社の売り上げが伸び悩めば、巡り巡って、自分の給与に響くだろうし、会社自体の存続も危うくなるかもしれない。

「自分だけ、ちょっと得をしよう」と思ってやったことが、大局的に見れば、大きな損をしていることに、まるで気づいていないのだ。

特に、将来独立を考えている人は、この視点がなければ、とてもじゃないが成功することはできない。

自分でお金を動かせる人間になれるように、経費についてもっと知っておく必要があるだろう。

自慢のように聞こえたら申し訳ないのだが、私は塾講師時代から、〝費用対効果〟を常に考えて動いていた。

学習塾の場合、どれだけ塾生が集まるかが売り上げの要《かなめ》になってくるわけだが、人気のある講師がたくさんいると、必然的に生徒は集まってくる。

そこで私は、自分の給料から経費を捻出し、プライベートでも塾の生徒たちをカラオケやプール、遊園地などに連れて行った。

すると、生徒たちとのコミュニケーションが深まり、評判が評判を呼んで、また新しい生徒を連れてきてくれるのだ。そうすれば、自分の実績にもつながるし、もちろん学習塾の売り上げアップにもつながる。

生徒たちを一日遊びに連れて行って、経費が1万円かかったとしても、結果的にそれで塾の業績も自分の給料も大幅にアップすれば、費用対効果の良い宣伝だったと言えるだろう。

「なんだ、自分の人気取りのために、そんなことやっていたのか」と思う人もいるかもしれない。もちろん実績を上げたい思いもあったが、一番は私自身が楽しいからやっていたというのが正直な話である。それに、生徒と楽しく触れ合う機会をつくることで、ひとりひとりの個性がわかり、関係性も深まった。
大事なことは、純粋な気持ちで費用をかけることだ。効果とは、それに付随してくるものであって、見返りとは違う。

どんな経費の使い方をすれば、大きなリターンを得られるか？

目先の小さな利益にとらわれるのではなく、会社全体の利益を考えつつ、それを自分の業績にまで落とし込んで考えられる人が、5年後、活躍していないわけがない。

■靴、財布、鞄。一番お金をかけるべきなのはどれ？

私が子どもだったころ、休みの日になると、父はいつも玄関に座って靴を磨いていた。父は営業畑の人だったから、足元には気を使っていたのだろう。
背中を丸めて靴を磨く父の後ろ姿を見て育った私は、今、父と同じように背中を丸め、靴の手入れをしている。

塾をやめ、父親の保険会社を継いで、自分の体制を作りあげた頃、仕事のことで相談があって、国内トップクラスの某コンサルティング会社のコンサルタントの方に会いに行ったことがある。

そのとき、その方が私の足元を見て、「靴、大事にしているね！」と大変褒《ほ》めてくださったことを今でもよく覚えている。

なぜか、仕事の解決策そっちのけで、靴のことばかり褒められた。

私が身につけているものの中では、靴にいちばんお金がかかっているかもしれない。けれども、良い靴を買うのは、先ほどのノスタルジックな思いからだけではない。

靴は、自分の身体の一部のようなものだ。身体に触れている時間も長い。靴の良し悪しは、身体の疲れ方に大きな影響を与える。だから、できるだけ良いものを選んで履きたいと考えているのだ。

鞄や財布を良いモノに変えても、身体の疲れ方がやわらぐわけではない。

私は今、ジョギングに凝っているので、シューズを選ぶ機会が多いのだが、どんな靴を履くかによって身体に与える影響がぜんぜん違うのがよくわかる。

長く走っていても重さを感じないし、疲れない。走り終わった後も、足がだるくなることが少ない。こんな体験をしてから、ますます靴の重要性を感じるようになったのだ。

靴と同様の理由でお金をかけたのが、ベッドだった。

今から5年ほど前。引っ越しの際に、くたびれたベッドを新調しようとしたときのこと。引っ越しの手伝いに来てくれていた後輩が、こんなことを言った。

「田口さん、ベッドだけは良いものを買ったほうがいいですよ。疲れのとれ方がぜんぜん違いますから」

その言葉が妙に耳に残っていたので、だまされたと思ってベッドのショールームに足を運んでみることにした。

そこで私は、マットに使われているクッションの違いというものを思い知ることになる。

話は前後するが、私はもともと睡眠が浅いタイプだったので、寝つきが悪く、夜中に何度も目が覚めるという症状に悩まされていた。

ベッドで横にはなっているのだが、ぜんぜん眠れない。

そのストレスで、メンタル的にも弱ってしまい、ついには鬱《うつ》っぽくなってしまったこともあった。不眠は、精神にとても悪いのだ。

それがなんと、ベッドを買い変えたことで、グッスリ眠れるようになったのだ。

新しいベッドに変えてからというもの、睡眠の質が格段に良くなった。

今まであれほど寝付きが悪かったのに、横になれば5分も経たないうちにスッと眠りに入っていけるのだ。

こんなことは経験したことがなかったので、私は驚きを隠せなかった。

「でも、そんな良いベッドって、値段も高いんでしょ?」

と思った方もいるだろう。

確かに値段はそれなりにする。私の経験から言うと、30万円を超えるベッドなら、質の良い眠りが保証されるだろう。

高いと言えば高いが、30万円で健康が維持され、仕事のパフォーマンスも上がると考えれば安い買い物ではないだろうか。

ベッドは一日のうち、7~8時間を過ごす場所だ。

一生に換算すれば、なんと人生の3分の1。

それだけの時間をどう過ごすのか――、と考えれば、賢人は出費を惜しまないのではないだろうか。

■「読みたくない本」こそ、お金を出して買いなさい

あなたは普段、どんなジャンルの本を、よく読んでいるだろうか?

『一ヶ月でペラペラになれる英語の本』といった実用書だろうか、それとも、『なぜ、億万長者は体をきたえるのか』といった自己啓発書だろうか。

あるいは、「活字を読むのはめんどうだから、最近はコミックしか読まない」という人も少なくないだろう。

若い世代の活字離れが進んでいると言われて久しいが、私のまわりには、「本好き」がとても多い。

速読をマスターして、1週間で10冊くらい読んでいる人や、そこまでいかなくても、1週間に1冊くらいのペースで読んでいる人はたくさんいる。

ちょっと下世話な話になるが、よく観察していると**「本を読む量」と、「稼ぐ金額」は比例しているように感じるのだ。**

なぜ、たくさん本を読む人は、たくさんお金を稼いでいるのだろうか——。

ひとつには、「本から得た知識をビジネスに活かしている」ということがあげられる。

今さら言うまでもないが、本には先人が何年も何十年も試行錯誤して築きあげたノウハウや、智恵などがぎっしり詰まっている。だから、アイデアが欲しいときや、壁にぶちあたっているときなどに本を開けば、先人たちがスッと道を示してくれることがあるのだ。

いわば、知の財産。しかも、そんな財産をわずか千数百円で購入できるのだから、これほど安価に手に入れられる宝はないだろう。

お金をたくさん稼いでいるビジネスパーソンが、むさぼるように本を読むのにはこんな理由があったのだ。彼らはどんどん本を読むことで新たな知識を得、様々な考え方や選択肢を自らの中にインプットしているのだ。

「でも、難しいビジネス書とか、専門書とか読みたくないよな……」

そんなふうに思った人もいるかもしれない。

心配無用だ。

何も、ビジネス書や専門書ばかりが有益な情報を与えてくれるとは限らない。

私自身は、普段はもっぱら小説ばかりを読んでいる。人間の心理を知るためには小説はぴったりの教科書で、ビジネスを円滑に進めていくために必要な情報もたくさん含まれている。

だから、「難しいビジネス書は読みたくないけど、ミステリー小説なら読める」という人は、まずは手に取りやすいジャンルから読書習慣をつけていくのがいいだろう。

ただ、ひとつ注意していただきたいのは、「偏ったジャンルの本ばかりを読まない」ということだ。

小説の魅力にはまって、一時的にむさぼるように小説ばかりを読むのはいい。しかし、たまには意識的に、今までまったく手に取ったことのなかったジャンルの本も、読むようにすることをオススメする。

なぜなら、むしろ私は、普段自分が読まない本にこそ、あなたの人生を豊かにするヒントがあると考えているからだ。

例えば、いつもはビジネス書ばかり読んでいるサラリーマンがいたとしよう。

彼は、社内の人間関係がうまくいかず悩んでいる。だから自然と手に取る本も『仕事のコミュニケーション術』とか、『おどろくほどビジネスがうまくいく、人付き合い100の方法』なんていう本ばかりだ。

しかし、残念ながら何冊そういう本を読んでも、あまり社内の人間関係は改善されない。そんなある日、友人がすすめてくれた、ある一冊の小説を読んでみた。

その小説には、ちょうど彼と同じような悩みを抱えているサラリーマンの主人公が登場し、その人物がつまずきながらも人間関係を改善し、チームを円滑にまとめ、重要なプロジェクトを成功に導いていく姿が描かれていた。

落ち込んでいた彼だが、その小説を読んで勇気が湧き、また明日からがんばろうという気持ちになった。

いつも読んでいるビジネス書ではなく、ほとんど読まない小説に解決のヒントが隠されていた、こんなことだってあるのだ。

普段読まないジャンルというのは未知のものであるため、心が真っ白の状態で読む。

そうして得た言葉や情報は、心に残ったり心を動かされたりすることが多いのだ。

自分の運命を変える一冊に出会うためには、定期的に書店に足を運ぶことだ。

そして、普段自分が立ち寄らないコーナーにも行き、そこに並べられている本をひととおり眺めてみること。平積みされている本だけではなく、棚に並んでいる本の中に、ピンと来るタイトルの本が見つかることも少なくない。

最近では、インターネットでダイレクトに本を検索して、クリックひとつで本を注文する人も増えている。しかし、インターネット注文だと、便利でスピーディーな半面、なかなか本との偶然の出会いを得る機会ができない。

だから、是非たまには、書店に足を運んでほしいのだ。

私がそうであったように、運命の一冊との出会いは、きっとあなたの人生に、そしてビジネスに大きなチャンスをもたらしてくれるに違いない。

■苦手な人との食事こそ、最高級に良いレストランを予約する

仕事をしていると、取引先のあまり好きではない担当者などと、食事をしなければいけない機会が出てくる。

ランチミーティングから重要な接待までいろんなシチュエーションがあるが、いくらあなたが「こんな人と食事したくないな」と思っていても、組織人として断ることはできないだろう。

どうせ避けられないなら、私は、率先して食事会の幹事を引き受けることをオススメしている。

気の進まない相手と食事をするときは、できるだけ自分が気に入っているお店で心地良いものにしたいというのももちろんあるのだが、理由はそれだけではない。

自分が主体的に動いたほうが、何かとお得だからだ。

私自身も、保険会社で働いているときは、苦手なクライアントとの会食や、行きたくない会社内での飲み会などがあった。

そんなときは、いつも率先して幹事を引き受け、自分でお店を探すようにしていたのだ。それも、できるだけサービス・味ともに評判の良い店を選んだ。

「ただでさえ嫌な場所へ出ていくのに、なんでわざわざ幹事まで引き受けちゃうわけ？」と思う人もいるだろう。

しかし、イヤイヤやっていることは、相手にもなんとなく伝わってしまうものだ。

消極的な態度で物事に接していると、自分で自分を追い詰めることになって、どんどん不利な状況に陥ってしまう。

嫌な人と嫌な場所で嫌な話をして、それが最悪の結果を生むなんて、想像しただけでもゾッとしてしまうだろう。

ところが、自分でお店選びをすると、相手に対して自分が優位な立場に立てる。

「この素敵なお店、あなたのために選んであげたんですよ」

こんな気持ちでいられるから、相手に対する苦手意識も、それほど気にならなくなってしまう。

しかも、相手はあなたに対して少なからず、

「良い店を選んでくれてありがとう」

という気持ちになってくれるので、得することはあっても損することなど何ひとつない。

そのうえ、一生懸命良いお店を探しまわって得たノウハウが、次に自分がプライベートで店を選ぶときの参考になると思えば、苦労も報われるというものだ。

これはもう、積極的にならざるを得ないではないか。

居心地が良く、料理の美味しい素敵なお店に食事に行くと、人の気持ちは自然に盛り上がる。そんな場所で良い時間が過ごせれば、閉ざしていた心は解放され、素直な穏やかな気持ちで相手と向き合える。

どうしようもなく嫌いだと思っていた人が、環境を変えて会ってみたら、意外と良い人だったなんてことも、もしかしたらあるかもしれないのだ。

■洋服を買うより、そのお金をクリーニング代にかけろ

仲の良い後輩で、お菓子メーカーに務める営業マンのD君（35歳・独身）と、久しぶりに食事をしたときのことだ。

仕事帰りだというD君は、スーツ姿で現れた。

私も雑誌の取材を受けた帰りだったので、同じくスーツ姿。

おそらく他人からは、仕事帰りのサラリーマンが、連れだって店に入ったように見えただろう。

「いや〜、今日も一日お疲れさまでした！　とりあえずビールでもいきますかっ」

そう言って、店員を呼ぶために手をあげたD君。

ふと見ると、彼のワイシャツの袖口がうっすらと汚れていた。それに、ワイシャツも全体的にシワクチャだ。

「あのさ、シャツの袖口がちょっと汚れてるんじゃない？」

「えっ、そうっすか？　ちゃんと洗ってるんだけどなあ……」

「おまけにシワクチャだし」

「実は俺、アイロン持ってないんスよ」


実は、私もアイロンは持っていない。

今まで一度も買ったことがないので、アイロンのかけ方自体知らないのだ。


「田口さんは、いつもパリッとしたワイシャツを着ていますよね」

「うん、だって毎回クリーニングに出しているから」

「クリーニングかぁ……俺もそうしようかな。でも、クリーニング代ってバカにならないでしょ。俺なんか、クリーニングにお金をかけるくらいだったら、新しいワイシャツを買ったほうが得な気がして、汚れたらすぐに激安のワイシャツを買っちゃうんです」

次々と買うより、お気に入りの一着を大事に着るのが好きな私は、ワイシャツに関してもちょっとしたこだわりがある。

少々値段が高くても、仕立てが良くて自分の身体にピッタリ合うサイズを選ぶ。そして、一回着たらすぐクリーニングに出すことにしているのだ。

プロの技を駆使しててていねいにアイロンをかけてもらったり、シミ抜きをしてもらったりするほうが、自分が洗濯をするよりも確実にキレイに仕上がるからだ。

D君が言うように、たしかに最近はワイシャツも1000円を切るくらいの安値で売られている。しかも、駅構内の格安のアパレルショップなどでも販売されているので、まるで使い捨て感覚で、汚れたらすぐに新しいモノを買う人がいるらしい。

しかし、いくら安くても、品質の良くないモノは長持ちしないし、クリーニング代を節約して自宅で洗濯しても、きれいに汚れが落ちずに二度洗いするはめになり、結局生地を傷めてしまう……ということもある。

だから、少しくらい高くても品質の良いワイシャツを買い、ていねいにクリーニングして長く着ることが、結果的にコストパフォーマンスの良さにつながるのだ。

もちろん、いつも上質でパリッとのりがきいたワイシャツを着ることによって、自分自身も心地良く仕事ができるし、ビジネスパーソンとしての信頼も獲得できる。

仕事ができる人は、こうした日々の衣服に対するお金のかけ方の違いが、仕事のデキにもかかわってくるということを知っているのだ。

■後輩への正しいおごり方

講演会活動を長くやっていると、お客さんからいろいろな質問を受ける。

投資に関する専門的なことを聞かれることが多いのだが、中には、ちょっと変わったことを聞いてくる人もいる。

最近印象に残っているのは、薬剤師をしている女性、Eさん（28歳・独身）からの質問だ。

講演会の終わり頃、こんなことを私に聞いてきた。

「後輩から逃げるには、どうしたらいいですか？」

唐突にそう言われて、一瞬、私は返事に詰まった。

「え？　後輩から逃げる？　どういう意味ですか？」

「そのままの意味です。私、いつも後輩から逃げまわっているんです」

質問が要領を得ないので、私はひとつひとつ解明していかなければならなかった。


「後輩から逃げているのはなぜですか？」

「後輩にランチをおごらないですむようにです」

「毎回、ランチを後輩におごらなくてはならないんですか？」

「はい。だって後輩とごはんに行ったら、普通はおごるものでしょう？」


ようやくEさんが何を言いたいのかわかってきた。どうやら彼女は、先輩後輩の関係で苦しんでいるようだ。

「別に、あなたが先輩だからといって、毎回おごる必要はないんじゃないですか？」

するとEさんは、何か珍しいものでも見るかのように、私の顔を見つめ返した。

「私、今まで後輩にはおごるのが常識だと思って、ずっとそうしていたんですけど、そんなことはないんですね？」

先輩だからという理由で、いつもいつも後輩におごる必要はない。そんなことをしていれば、すぐにお金がなくなってしまう。

ましてや20代の頃は、給料だってそんなにもらえるわけではないから、なおさら辛いだろう。

かといって、まったくお金を出さないのも先輩としてどうなのか？

小さな悩みではあるが、Eさんにとってはとても深刻な問題だったのだろう。

そこで、私の後輩へのおごり方をお話しすることにした。

私の場合は、基本的に自分から後輩を飲みに誘った場合は、必ず自分がお金を出すようにしている。

最初の店だけに限らず、2軒目以降のお店の代金も含め、最後まで自分が責任を持つ。自分から呼び出しておいて、後輩にお金を払わせるのは忍びないし、若い人の経済事情も考えてあげる必要があるからだ。

それに、わざわざ自分のために時間を割《さ》いて来てくれたわけだから、その気持ちに対する感謝の気持ちとしてお金を払っている。

しかし、相手が後輩だからという理由だけで、定例の飲み会や、日々の細々した宴席でいちいちお金は出さないし、ランチを一緒に食べに行ったからといって、相手の分まで支払うことはしない。

たまに、相手が後輩だったり女性だったりすると、少しだけ多めに出す人がいるが、そういうことをするのはかえって逆効果になることのほうが多い。

せっかく多めに支払ったのに、「どうせなら全部おごってくれればいいのに……」と、不満に思われたりするのがオチだからだ。

それならば、全額出すか、割り勘か、どちらかはっきり態度を決めたほうがいい。

後輩におごる、おごらないというのは、人によって考え方が違うとは思うが、自分のルールに従って行動していれば、誰に気を使うものでもないはずだ。

先輩後輩の結びつきの強いコミュニティ、例えば、お笑い芸人さんやプロ野球選手など、先輩が後輩に毎日おごる決まりになっているような人たちもいるのだろうが、そういう人たちは、先輩からおごられた分を、後輩に返しているわけだから、ルールがはっきりしているし、自分でも納得しているのではないだろうか。

バブル時代に比べると、先輩後輩の関係においても割り勘が増え、最近はおごらない風潮にあるようだ。

大盤振る舞いができなくなってしまった代わりに、景気の良かった時代に幅を利かせていた高いお店は姿を消して、安くて質のいいものを出す店も増えてきている。

景気の変動や、時代による価値観の変化によっても、お金に対する考え方というのはずいぶん変わってきていると言えるだろう。

これからの時代は、しっかりと自分の考えを持ち、ムリのない人付き合いをしていくことが、円滑な人間関係を築く秘訣になるのではないだろうか。

■先月と今月のスケジュールを意識的に変えよう

退屈しのぎにテレビをつけたら、バラエティ番組をやっている。

「あれ？　この番組、つい最近見たばかりじゃなかったっけ？」

番組表を見ると、週1で放送しているバラエティだ。

「ええっ！　知らないうちに、もう1週間も経ってたってことか！」

こんな世にも恐ろしい経験をしたことはないだろうか？

振り返ってみても、その週、何をしていたのかまったく思い出せないようだとしたら、あなたの生活のマンネリ度は、かなり高くなっていると言える。

同じような生活スタイル、同じような行動パターンを繰り返すうちに、刺激がなくなり、毎日を無意識に過ごしてしまうのは、とてももったいないことだし、危険なことでもある。

何度も言っているように、無意識にお金を使うのは、自分のためにならないからだ。

それは、たんなる「浪費」になってしまう。

こんな事態を解消するために、私は月に一回、必ず〝初体験〟をすることに決めている。

何でもいい、新しいことに挑戦してみるのだ。

マンネリになっている日常を意識的に変えることで、脳が刺激され、活性化することができる。そうすれば、いつも若々しく新鮮な自分でいられるのだ。

最近挑戦した初体験は、「美容院で髪を切る」ことだった。

女性にとっては普通のことだろうが、床屋にしか行ったことのない男性にとっては、これは、けっこう勇気がいることなのだ。


まず、予約が必要なところからして敷居が高い。

プラッと気が向いたときに入る床屋とは、ちょっと違うのだ。

「担当のご指名はありますか？」

そんな未知のことまで質問される。初めて行くんだから、指名も何もない。

あえて言うなら、「かっこよく髪を切ってくれる人でお願いします」ということくらいだ。

もちろん、そんなことはずかしくて、とても言い出せないのだが……。

なんとか予約を取り、実際に美容院の中に入ってみると、中はとてもお洒落《しゃれ》な空間で気後れしてしまう。

担当者らしき人が私のところにやって来ると、

「本日は、どうなさいますか？」と、にこやかに要望を聞かれる。

いつも行っている床屋さんなら、何も言わずにハサミで切りはじめるところだが、美容院というところは、なかなか先には進めないようだ。

私は、つたない表現力で、自分の髪をどう切ってほしいのか伝えなければならなかった。


なんとか要望を伝え終わると、キレイなお姉さんがやって来て「シャンプーしますのでこちらにどうぞ」と案内される。

普段は、愛想のない床屋のおやっさんにシャンプーされていたので、相手が女性というだけでテンションが上がる。

私は、髪を切ってもらう前に、完全に美容院の虜《とりこ》になってしまったのだ。

こうして、私の美容院初体験は無事終了した。

スタッフに見送られながら、私はワクワクした気持ちのまま、お店を後にした。

美容院に初めて行くだけでも、これだけの楽しい体験ができるのだから、月に一度の初体験は是非みなさんにもやっていただきたい。

今までやってこなかったこと、知識としては知っていても実際に体験していないことは、まだまだたくさんあるはずだ。

パキスタン料理を食べたことがなければ、予約を入れてみよう。

一人でバーに入ったことがなければ、今夜一人で行ってみよう。

少しくらいお金がかかっても、そうした体験は、あなたの血肉となり、きっといつかどこかで必ず役に立つときが来るはずだ。

第四章

知らないと貧乏になる⁉「ご縁とお金」の法則

■「誘われて」飲むのではなく「誘って」飲め

いつも同じメンバーでつるんでいる人たちがいる。

昼休みにランチを食べにいくのも一緒。

会社が終わって飲みに行くのも一緒。

たまの休日にゴルフをするのも一緒。

仲が良いのは結構なことだが、**いつも同じメンバーとばかり行動していたのでは、同じことの繰り返しになってしまう。**

行動のマンネリ化もさることながら、人付き合いのマンネリ化も、脳の活性化を妨げる大きな要因になるのだ。


新しい人との出会いがあると、刺激があるし、仕事や生活にも良い変化をもたらす。

ところが、意識的に新しい出会いをつくるのは難しいし、刺激をもらえるような素晴らしい人物との出会いを求めるなら、なおさらハードルが上がってしまう。

では、どのようにして、定期的に新しい人との素晴らしい出会いを獲得すればいいのだろうか。

結論から言うと、**自分で「これは」と思う人に声をかけ、交流会を開くことだ。**

私の知り合いのMさんの事例を紹介しよう。

Mさんは、自分自身が交流を深めたい相手を10人選んで、月に一度「10人会」という交流会を開いている。

仕事関係で出会った人や、何かの勉強会で知り合った人、友人の友人など参加者はさまざまだが、Mさんが選《よ》りすぐった人物たちだけあって、参加者はみんな仕事もプライベートも充実している人ばかりだ。

大規模な異業種交流会では、なかなかゆっくり話せないが、10人という適度な規模は、人との距離を縮めるのにちょうどいい。

参加者は、共通の知人であるMさんを中心として、ビジネスの話からプライベートの話にまで花を咲かせる。

そこで盛り上がって、仕事の契約につながることもあるようだし、さらに次の出会いに発展することもあるという。

このように参加者にとってもメリットのある「10人会」だが、一番メリットがあるのは主催者であるMさんだ。

自分が興味を持った人を集めて交流会を主催するのだから、参加者全員とまんべんなく交流を持てるし、参加者同士に良い出会いの場を提供することで、みんなから感謝され、ひいてはMさんとのビジネスにもつながっていくことが多いからだ。

一方、やみくもに人が企画した大規模な交流会に参加していても、どんな人が集まって来るのかがわからないし、時間とお金ばかり浪費して、発展的な出会いにつながることが少ない。

だから私は、**「新しい人間関係をつくりたいなら、自分が仕掛ける側になれ」**と言っているのだ。

人と人の縁はとても貴重なものだ。

お互いのフィーリングが合う人とつながっていければ、仕事もプライベートもさらに充実したものになることだろう。

そのためには、ただ偶然を期待して、待っているだけではダメなのだ。

■同期との飲み会で使っていい金額は「1年で1万円まで」

午前中の打ち合わせに少し遅れて来た編集者のA君（25歳・独身）。

必死に謝る彼に、遅刻の理由を聞くと、こんな答えが返ってきた。

「実は昨日、同期と遅くまで飲んでしまって……。二日酔いで起きられなかったんです」

正直に答えたことは評価するが、飲んでいて仕事に支障をきたすとは、社会人としての自覚が足らない。

お灸《きゅう》をすえる意味でも、私は少し意地悪な質問をしてみることにした。

「会社の同期とは、どのくらいのペースで飲んでいるの？」

「週一回は飲みますね」

「けっこう頻繁《ひんぱん》に飲んでいるんだね」

「まあ、付き合いなんで……仕方なくなんですけどね」


A君は、なぜそんなことを聞くのかと思っているのかもしれないが、遅刻してきた手前、私の質問には素直に答えるしかない。


「飲み代は1回で、だいたいいくら使ってるわけ？」

「そうですね、4000円くらいですかね」

「となると、月に1万6000円は使っている計算になるね」

「え？　ああ、そうですね……」


A君はあきらかに不可解な顔をしている。

だが、私の質問はまだまだ続いた。

「月に1万6000円ということは、1年だといくらになる？」

「えーと、かける12ヶ月だから……19万2000円ですね。えっ！　19万2000円⁉

高っ！」


ようやく私の意図に気づいたのか、A君はそのまま黙り込んでしまった。

付き合いだから仕方がないとA君は言うが、行かなかったからといって、たいした問題にはならないはずだ。

意味のない付き合いに使うお金と時間を他に振り向ければ、かなりのことができるはず。19万2000円あれば、ちょっとした海外旅行にだって出かけることができるじゃないか。

それを、いつも代わり映えのしない同期と、代わり映えのしない話をして酒を飲むために浪費していたのでは、もったいないではないか。

しばらくして、黙っていたA君がようやく口を開いた。

「自分でもムダだとは思ってるんですけど、誘われると断れないんですよね」

「予算を決めてしまったらどうかな？」

「はぁ……、いくらが妥当なんでしょうか？」

「それじゃあ、年間1万円にしよう。会社の同期とはそれ以上のお金は一切使わないこと」

私がそうアドバイスすると、A君は不安そうな顔で私の顔を覗《のぞ》き込んだ。

「それだけでやっていけますかね？」

「やっていけるも何も、やらなきゃしょうがないでしょ」

「……はい、そうですよね」

A君は自信がなさそうだった。

人は、どうしても楽なほうへ楽なほうへと流されていく生き物だ。

頭では、「こんな飲み代ムダだよな。貯めていれば海外旅行くらい行けるのに」とわかっていても、断りきれずに参加してしまうのだ。

では、ムダな飲みを本気でやめるには、どうしたら良いのだろうか。

もっとも良い解決方法は、**仲間との飲みよりも、「自分が心からしたい」と思うことを見つけることだ。**

例えば、あなたがサッカーが大好きだとしよう。

今夜は、ずっと楽しみにしていた日韓戦がある。どうしても早く帰ってテレビ観戦したい。

そんなときに、サッカーにまるで興味のない同期から飲みに誘われたとしても、あなたは迷わず断るのではないだろうか。

これと同じで、あなたが同期との飲みを断ってでも、どうしても学びたいことや身に付けたい知識があったりしたら、きっとあなたは迷わず誘いを断れるはずだ。

マンネリ化した仲間との飲み代を年間1万円以内に抑え、その分のお金と時間を有意義なものに振り向けたい。そう思うなら、まずあなたが心から「やりたい」と思うことを見つけることが先決と言える。

たくさん稼いでいる人や、人生を有意義に過ごしている人は、かならずといっていいほど、自分の信念に基づいた「やりたいこと」を持っているものだ。

■尊敬する人に対するお金の使い方

以前、私の講演会に参加してくださったKさん（大学三年生・男性）から、「田口さんの好物は何ですか？」という質問を受けたことがある。

なぜそんな質問をするのですかと逆に聞き返したところ、次のような答えが返ってきた。

「僕はいつも田口さんの本を読んだり、講演会に参加したりして、勉強させてもらっています。おかげで将来進むべき道も見えてきたし、きちんとお金の管理もできるようになってきました。田口さんは僕の師匠のような存在なんです。だから、感謝の気持ちをプレゼントという形にしてお返ししたいのですが……」

読者からこのように言ってもらえることは、著者冥利につきると言っていい。こちらのほうこそ「いつもありがとう‼」と言って、手をとって感謝したいほどだった。

気持ちは大変うれしい。しかし、自分より20歳ほど年下の彼から、モノを贈られるというのも、なんだかかえってバツが悪いものだ。

そこで私は、彼に対して次のように答えた。

「その気持ちだけありがたく受け取っておくよ。いつかKさんが仕事で大成功したときに、田口智隆の後援会長にでもなってくれたらそれでいいよ（笑）」

この彼のように、あなたにも師匠のように尊敬している人物が一人くらいいるだろう。

その人が身近な人であった場合、Kさんのように贈り物という形で感謝の気持ちを伝えたくなることがあると思う。

しかし、尊敬する相手は大抵が年上で、今のあなたよりもずっとお金を持っている人のはずだ。何かをプレゼントしたくても、あまりに安っぽいものでは逆に失礼になりそうだし、かといって高価なモノを贈る金銭的な余裕もない。

感謝の気持ちを伝える良い方法はないか――、ということで頭を悩ませている人も少なくないのではないだろうか。

そんなときは、モノではなく、相手に「感謝の気持ち」を伝えられる機会を探すといい。

例えば私の場合は本を書いているので、自分の著書を評価してもらえるととてもうれしい。

「田口さん、今回の本も面白かったですよ！」などと、直接感想を言ってきてくれるのもうれしいのだが、さりげなく自分のブログなどで紹介してくれている人たちを見かけると、「あぁ、応援してくれているんだな」と、胸に熱いものがこみ上げてくる。

そして、「よし！　もっと頑張って良い本を書くぞ！」というパワーが湧き上がってくるのだ。

このように、尊敬する相手の仕事をさりげなく宣伝したり、評価をしたりすることは、お金をかけずにできる最高のプレゼントのひとつと言っていいと思う。

ただし、ひとつだけ気をつけたいことがある。

それは、「田口さん、本を紹介しておきましたよ！」などと、ことさら相手にアピールし過ぎないことだ。それでは親切の押し売りのようになってしまって、逆効果になりかねない。

「○○さんが自分のブログで、田口さんの本を紹介してましたよ」と、人づてにさりげなく相手の耳に届くくらいがちょうど良いだろう。

人を褒《ほ》めると、自分の心も前向きになれるので、自ずとあなたのまわりにもプラス思考の人間が集まって来るようになる。

逆に人の悪口ばかりを言っていると、マイナス思考の人間が集まって来るのだ。

つまり、人を褒めたり感謝の気持ちを相手に素直に伝えることは、巡り巡って自分自身も幸せにしてくれるのだ。

お金を持っている人にお金で買えるモノをプレゼントしても、あまり意味がない。かりに、自分の身の丈を超えてまで高いモノを贈っても、かえって相手に気を使わせてしまうことになる。

もらいっぱなしになっていると感じたら、誰かにその人物の良さを伝え、自分が将来「稼ぐ人」になったときに、違う誰かを助けてあげればいいのだ。

あなたが尊敬する人にとっても、それが一番うれしいことなのではないだろうか。

■一人で飲んでいいのは、カウンターバーだけ

お酒はコミュニケーションツールだと私は考えている。

だから、自宅での〝一人飲み〟は、基本的にしない。

家で一人で飲んでいても、コミュニケーションの輪はどこにも広がらないからだ。

一人で飲むときは、私はカウンターバーか、家の近所の一杯飲み屋を利用することにしている。そうしたお店には、一人で来ている人が多いので、新しい出会いがあるからだ。

「一人でバーに行ったことはあるけど、誰ともしゃべらずに寂しく飲むしかありませんでしたよ」

こんな体験をした人は、まず、バーテンや店のマスターと知り合いになることからはじめてもらいたい。

一人だと気後れしてしまって話ができないという人は、まずは友人を誘って何度か訪れて、ある程度なじみになったところで、一人で出かけるようにすればよい。するると、バーテンやマスターが気を利かせて、他のお客さんに紹介してくれたりするので、そこで少しずつ輪が広がっていく。

バーの常連の中には、近隣の店も含め、一人で何百人ものお客さんと知り合いになっている人などもいて、そのネットワークの広さに舌を巻くこともある。

バーという空間は、ある意味、最先端の情報発信基地の役割を果たしているのかもしれない。

つい数ヶ月前までは、ぜんぜん知らなかった人と、同じ話題について語り合ったり、知らない情報を教えてもらえたりするのは、とても楽しいし勉強にもなる。

私の場合は、いつも一人で出かける近所の一杯飲み屋で、ずいぶん交友関係が広がった。

店の主人は、私が本を書いたり講演をしたりしていることを知っているので、お金のことや経済のことに興味のありそうなビジネスマンが一人で飲みに来ていると、タイミングを見計らって私に紹介してくれるのだ。

そうやって出会った人が、すでに何人も私のセミナーや講演会に足を運んでくださっている。これは、とてもありがたいことだ。

もうひとつ、カウンターバーなどでの一人飲みで気に入っていることがある。

それは、飲み過ぎないことと、お金を使い過ぎない点だ。

友人と飲みに行くと、ついつい夜遅くまでダラダラ飲み過ぎたり、二次会、三次会になだれこんだりすることがあるが、一人だとさすがにそこまで飲み過ぎることはない。

ちょっとホロ酔いになったところで、早めに切り上げられるので、貴重なお金も時間もムダにすることがないからだ。

同じ「お酒を飲む」という行為でも、できるだけ有意義な飲み方をしたいものだ。そうすれば、お酒に使う時間もお金も、「浪費」ではなく「投資」になるのだから。

■ご褒美《ほうび》は他人からもらい、他人に与えるもの

「自分へのご褒美に、これ、買っちゃいました！」

ＯＬの会話や、テレビＣＭなどでよく聞くこのセリフ、私はいつも違和感を抱きながら聞いていることが多い。

「自分へのご褒美って、いったい何だろう？」

一生懸命仕事をしたことへの対価だろうか？　それとも、結果を出したことへの報酬だろうか――。

そもそも、ご褒美というのは、何かを成し遂げたり、あるいは結果を出したりしたときに、その評価として他人からもらうものだと思う。

自分がやったことを自分で褒めて、自分でご褒美を買うというのは、あまりにもひとりよがりだと思うのは、私だけだろうか。

評価というものは、どんな場合でも他人が下すものであって、自分が決めることでは

ない。

「かたくるしい考え方！　そんなんじゃなくて、ちょっとした自分へのご褒美はモチベーションアップにつながるんだから、いいじゃない！」

そんな声も聞こえてきそうだが、あえて心を鬼にして言うと、そんな甘い考え方をしているうちは、人として成長できないというのが私の持論だ。

私にとってのご褒美は、良い仕事に対しての対価であるとともに、次にもっと大きな仕事が入ってくることを意味する。

例えば、講演会を開いたとしよう。

その講演会がとても好評で、主催者側も高く評価をしてくれていれば、そこから次の講演依頼が来るはずだ。

もちろん、本の出版も同じ。

執筆した本の評判が良ければ、また次に出版依頼をいただけるし、逆に評判が思わしくなければ、もう次はない。現在のように、次々と本を出版できているということは、私の仕事が評価されたことに対する「ご褒美」なのだ。

与えられた仕事の中で良い結果を出すと、「新しい仕事」というご褒美がもらえる。

そのご褒美こそが、何よりもうれしいものであり、今後の活力にもつながるのだ。

逆に、次の仕事につながらなければ、結果は出せなかったということになる。

とても残酷ではあるが、それが現実ならば、しっかりと受け止めるしかない。

そして、自分の仕事の何がいけなかったのか、どうすればもっと良い結果が残せたのか、そこをじっくりと考えることが大事なのだ。

冷たい言い方かもしれないが、「結果は出せなかったけど、頑張ったんだから」と言い訳して、自分にご褒美など買っている場合ではないということだ。

メダルを獲れなかったオリンピック選手が、会場の近くのブランドショップで高級バッグを買いあさっていたら、どうだろうか——。

個人の自由だと言ってしまえばそれまでだが、その選手が4年後のオリンピックで活躍できるとは到底思えない。

ご褒美は、モノではなく仕事でもらう。

これさえ忘れなければ、あなたの未来は明るいものになるだろう。

■一番近い一人を大切にできない人は、100人に会ってもダメ

ツイッターやフェイスブックをやっていると、「フォロワーが数万人います」とか、「○○さんていう有名人と友達になりました」とか、そういうことを誇らしげにしている人を見かける。

たしかに、「数」の力は大きい。

たくさんの味方がいるようで、心強い気持ちになれる。

有名人にフォローしてもらえば、その人と親しくなったような気になって浮かれる気持ちもわかる。

だが実際には、そういうものは幻想に過ぎないと思っておいたほうがいい。

私がそのことを思い知らされたのは、保険の仕事をはじめて間もない頃だ。初めて異業種交流会に行ったときのこと。私は、父親の保険会社を引き継いだばかりで、右も左もわからず途方に暮れていた。

一人でもたくさんの顧客を獲得するのが保険の仕事だとわかってはいたが、それまで塾講師だった私には、営業力も人脈もまるでなかったのだ。

あれこれ考えた末、私は異業種交流会に行けば、見込み客と知り合えるのではないかと考えた。

数日後、私は自分の考えを証明するべく、異業種交流会の会場へと向かった。

私の読みどおり、会場には、大勢のビジネスパーソンたちが集まっていた。

「やった！　これだけの人と知り合いになれれば、勝ったも同然じゃないか」

うれしくなった私は、会場の中を駆け足で巡り、たくさんの人たちに、用意した自分の名刺を配ってまわった。

急がなければ、これだけ大勢の人数に名刺を配り切れないと思ったのだ。

中には、経済誌で見たことのある、有名な方もいらっしゃったので、私は人波をかき分けてその人の前に出て、名刺を差し出した。

「田口と申します。どうぞよろしくお願いします！」

その方は、一瞬驚いたような顔をしたが、ニコリと笑って名刺交換に応じてくれた。

「経済界の大物までが、私と名刺交換してくれた！　今日はなんて良い日なんだ！」

それから数ヶ月後――。

何度も足を運んだ異業種交流会で配った名刺の効果は、ゼロだった。

鳴らない電話の前で、私は再び途方に暮れた。

ため息をつきながら、私はその数ヶ月で手にした山ほどの名刺をデスクに出し、見てみた。そして気がついた。

後から、交換した大量の名刺を見ても、一人ひとりがどんな人だったのか、まったく思い出せない。

私は、人とつながろうとしていたはずなのに、実際は、お金を払って名刺を集めているだけだった。

カードゲームのように、集めればすぐ戦力になってくれるなら心強いが、ただ名刺を集めても、それらは沈黙したままで、私の味方にはなってくれないのだ。

私はなにも、「異業種交流会が無意味なものである」と言いたいのではない。

コミュニケーションの取り方を間違えていたのだ。

まず、出会った人とじっくり話もせず、ただ名刺を配り歩いていただけだった。

「田口です。よかったらお仕事ください」

こんな一言だけで仕事なんかもらえるはずがない。

相手のことがわからなければ、その人に仕事を依頼しようなどとは思わない。

自分はどんな人間で、どんなふうに相手の力になれるのか、それをいっさい伝えていなかったのだ。

そんな単純なことに気づかずに、ただ、たくさんの人と知り合いになることに労力を割いていたのだ。

反省した私は、それからとにかく相手のことを知ろうと努力した。

人と会う機会があれば、その人が何を考え、何に興味があるのかを引き出そうと、いろいろな話をした。

自分が相手に興味を持つと、相手もこちらに興味を示してくれる。

話が合わない人がいたら、無理をせずに立ち去る。話が合えば、場所を変えてとことん話す。

時間はかかったが、そのやり方で、少しずつ、少しずつ、知り合いと呼べる人たちを増やしていった。

「田口さん、先日はどうも。いやー、あのときはほんとに楽しかったですよ！　ところで、今日は仕事の件でお電話したんですけど……」

うれしい電話がかかってくるたびに、私は自分のやり方が間違っていないことを確信していった。


人との付き合いは、「数」ではない。「深さ」だ。


ひとりの人をどれだけ深く知り、どれだけ自分を知ってもらえたか。

そういう相手を「知り合い」と呼ぶのではないだろうか——。

そして、深い付き合いができる人ほど、将来的に仕事でも成功者になれるのだ。

■気が乗らない誘いを断れないうちは、出世なんてほど遠い

20代の頃の自分を振り返ると、ずいぶん遊びにお金と時間を注ぎ込んでいたなぁと、改めてビックリすることがある。

同僚や後輩に誘われるまま、明け方まで飲み歩いたり、休日にはパチンコを打ったり、

競馬に出かけてみたり……。

もともと、人とワイワイやるのが好きな性格だったから、誘われたら断らなかったし、友達と盛り上がれるなら、何をやっても楽しかった。

しかし、借金がどんどん膨らんで、途中からは飲みに行ってもギャンブルをしても、それほど面白いと思えなくなっていた。できれば、早くキッパリと足を洗いたいと思っていた。実際のところ、私はパチンコも競馬もそれほど好きなわけではなかったのだ。

それでも、休日に何もしないで一人で部屋にいるのは嫌だったし、同僚からの誘いを断る意志の強さもなかったので、声をかけられれば付き合いで外出するという感じだった。

なぜ、あんなにも優柔不断だったのだろうか――。

改めて考えてみると、当時の私には、明確な「やりたいこと」が何もなかったのだと思う。

本書の中で、「浪費」はいけない、お金を使うなら「自分への投資」になることをしようと、口を酸っぱくして言っているが、当時の私はもちろんのこと、あなたがそれをなかなか実行に移せないのは、明確な「やりたいこと」が見つかっていないことが原因なのだ。

どんな人だって、自分がやりたいことが見つかれば、

「今はやることがあるからごめんね」

と言って、どうでもいい誘いは断ることができる。

やりたいことがある人は、それを達成するために、自分の時間を確保しようと自然に動きはじめるし、「やりたいこと＝楽しいこと」なので、脇目もふらずに努力できるはずだ。

趣味を持っている人なら、この感覚はよく理解できるだろう。

例えばゴルフが好きな人は、コースをまわる前日からクラブを磨いたり、そわそわして寝つけなかったり、子どものように気分がはしゃぐものだ。

そんな楽しい時間を、他人に奪われそうになったら全力で阻止しようとするのではないだろうか。

やりたいことが何もないから、誘われるまま、つまらないことにお金と時間を使ってしまう。

自分にやりたいことがないと、他人のやりたいことに巻き込まれてしまうのだ。

誘った側は、自分がそれをやりたいと強く思っているわけだから、自分の時間を生きている人だ。例え、それがギャンブルであっても、自ら望んだことなら、それがその人の幸せなのだろう。

だが、誘われるまま出かけた側は、相手の人生に付き合わされているだけなので、自分の時間を生きているとは言い難い。

自分がやりたいことをしなければ、後で「こんなはずじゃなかった……」と後悔するのは目に見えている。

ムダな時間やお金を使いたくなければ、自分がやりたいことをできるだけ早く見つけて、人に振り回されないようにすることだ。

とはいえ、やりたいことは、そうそう見つかるものじゃない。

テレビを見ていて、「あの俳優カッコいいな！　よし、自分も役者を目指そう。これが俺のやりたいことだ！」と思っても、次の日になったらコロッと忘れてしまっている。まわりで英会話を習っている人が多いからといって、自分も参考書を買ってはみたけれど、一度も開いたことがない、なんて人はかなり多いだろう。

鏡に映った自分を見つめてみても、そこには相変わらず「何がやりたいのかわからない自分」が映っているだけなのだ——。

かく言う私も、本当にやりたいことを見つけたのは、28歳のときだった。

ギャンブルとお酒におぼれる日々を続けていたせいで、５００万円もの借金をして首がまわらなくなったことがキッカケだった。

「このまま一生、お金を返すためだけにあくせく働き続けるのだろうか——」

そんな不安が、むくむくと頭をもたげていた。

お金があっても幸せになれないかもしれないが、少なくともお金で苦しむことはなくなるはずだ。

そう思った私は、「お金によるストレスをなくしたい」（お金持ちになるというより、一生お金に困らない仕組みをつくりたい）と、心から思った。そして、それが私の「やりたいこと」になったのだ。


人生にｉｆ（もしも）はないが、もし、借金を抱えていなければ、私はそのまま何も考えずに、一生ラットレースに巻き込まれながら生きていたかもしれない。

あそこで立ち止まって必死に考えたからこそ、やりたいことが見つかり、それを実現することができた。


友達や職場の同僚から誘われて、「なんか気が乗らないな……」と感じたら、それは自分の心からのサインだと気づいてほしい。

そんなときは、何も見つかっていなくても、

「今はやることがあるからごめんね」

と言って、誘いを断ろう。

そして、その時間を、自分が本当にやりたいことを見つめ直す時間にあててみよう。

考え続ければ、きっと答えは見つかるはずだ。

■親に対するお金の使い方

子どもの頃、お正月にお年玉をもらうのがとても楽しみだった。

お小遣いとは違って、白いお年玉袋に入ったお金は、子ども心に何か特別な意味を持っているような気がしたものだ。

大人になって、今はお年玉を両親に渡しているという人も多いことだろう。

年に一度、親に感謝の気持ちを伝えるのは、とても素敵なことだと思う。

私は、長い間、両親との確執があった。

いちばん大切な身内でありながら、一時期は、世の中でいちばん遠い存在のように感じていたくらいだ。

原因は、両親が営んでいた保険代理店を私が継ぐことになってから、その経営方針について、意見が分かれたことにある。

古いやり方を頑《かたく》なに守り抜こうとする両親と、新しいやり方を取り入れなければ、先はないと主張する私。

会社でよく起こりがちな新旧交代劇は、たとえ家族であっても、対立は避けられないものだった。

話し合いでは埒《らち》があかないことを知った私は、父や母の反対を押し切って、会社を強引に新体制にしてしまった。

両親は怒りをあらわにし、何年も私を許してはくれなかった。

私は、自分の選択は決して間違っていないという確信を持っていたが、それだけに両親がいつまでも自分を認めてくれないことに、とても心を痛めた。

いくら仕事が軌道に乗ったとしても、肉親に反対されていたのでは、どうしたって仕事に身が入らない。

私は、どうしたら両親に認めてもらえるかと真剣に考えた。

そして、「会社を新体制に移したことは正しい決断だった」と感じてもらうためにも、毎月きちんと決まったお金を、両親に対して〝給料〟という形で会社から支払うことにしたのだ。

こうすることで、両親を安心させたかったし、自分を認めてほしかった。

しかし、いくら会社が軌道に乗ったと言っても、私が一人で切り盛りしている零細企業であることに違いない。両親二人に十分な給料を支払い続けることは簡単なことではなかった。

私はなんとか支払いを続けられるように、仕事にも力を入れて取り組み続けた。

それから、毎月一回、両親の元へ給料を持って行く儀式がはじまった。

銀行振込ではなく、あくまで直接会って手渡すことが重要だと考えたのだ。

最初の数ヶ月は、ただお金を渡して帰るということが続いた。

実の両親にお金を渡して、話もせずに帰ってくるというのは、少し奇妙な行動にも思えたが、それでも決めたことはキチンと守ろうと思った。

そんな儀式が半年ほど続いた頃だっただろうか。決して私と口をきくことのなかった両親が、少しずつではあるが、私と会話をしてくれるようになったのだ。

私は、会社の現状や、自分の暮らしぶりなどを、手短に話して聞かせた。

さらに時間が経過したある日、母が帰ろうとする私を呼びとめて、こう言った。


「ご飯でも食べていきなさい」


父も母も穏やかな表情で食卓を囲んでいる。

久しぶりに家族と過ごす夜は、照れくさいようなうれしいような、なんともこそばゆい感じがした。

私は、ようやく両親との間に雪解けの季節がやって来たことに、なんとも言いようのない気持ちがこみ上げてくるのを感じていた。

いろいろあったが、私と両親は、今は普通の親子関係に戻っている。

今改めて振り返ってみれば、両親に給料を支払う、という形で自分の誠意を見せることで、両親に信用と安心を与えることができたのではないかと思っている。

お金が持っている価値以上に、お金に込められた思いが、親子の間では価値のあるものなのではないだろうか。

第五章

覚えておきたいお金の使い方・7のルール

■嫌なことがあった後のお金の使い方

何ヶ月も前から準備してきた仕事の企画。

ここまでこぎ着けるのには、さまざまな苦労があった。

ようやくめどがついてホッとしたのも束の間、上司から呼び出されたあなたは信じられない言葉を聞く。

「君の進めている例の企画、クライアントの都合で、悪いけど今回は中止ということで」

目の前が真っ暗になって、どこをどう歩いたのかすら覚えていない。

なんとか自宅にたどり着いたものの、放心状態で何もやる気がおきない。

「もう、二度と立ち直ることはできないかもしれないな……」

部屋の片隅にうずくまり、あなたはそんな言葉をつぶやく。

それから1時間後。あなたは、なんだか急に腹が立ってくる。

「なんで俺だけがこんな目に遭わなきゃいけないんだ！　あんなに一生懸命企画してい

たのに。よーし、こうなったらウサばらしだ。前から欲しかったフィギュアを通販で買ってやる！」

そう叫ぶと、あなたは、おもむろにパソコンを立ち上げた。

そして、趣味で集めているガンプラの通販サイトをあちこちサーフィンし、もう一年以上「買おうかどうしようか……」と迷っていたウン十万円もするプレミアムなガンプラをワンクリックで購入してしまう。

「嫌なことがあったときは、パァーッとお金を使っちゃえばいいんだよ！ そのために給料もらってるんだからさ！ ハッハッハッハ！」

あなたは、そう言ってパソコンの前で笑ってみせる。

が、妙にむなしさと脱力感が襲う――。

ヤケ買いした商品がガンプラかどうかは別として、おそらく誰もが一度くらいはこんな経験をしたことがあるのではないだろうか。

嫌なことがあったとき、パァーッとお金を使ってウサ晴らしをするというのも、たしかにひとつのストレス解消法だ。これでスッキリするのなら、私も止めはしない。

しかし、このように**ヤケ買いしてしまうと、たいていの場合後悔する**ことになる。

1ヶ月後に、クレジットで支払った「パァーッと使ってしまった料金」の請求が送られてきたときには、再びドーンと落ち込み、かえってストレスを溜め込むことになるのだ。

では、嫌なことがあったときは、どうやって解消すれば良いのだろうか。

私は、「リセットできる場所」を持つことをオススメしている。

人にはそれぞれ、行くだけでテンションが上がる「場所」というのがある。

そこに行くだけで、さっきまで落ち込んでいた気持ちのリセットができるような場所だ。

「秋葉のメイドカフェに行くと、その瞬間に日常の嫌なことがぜんぶ吹き飛んでしまうんですよね！」

以前、そう語ってくれた会社経営者の知人がいる。

ストレスが溜まる仕事をしている彼は、今では毎週のように秋葉原に出かけて行って、メイドたちに囲まれ、リフレッシュしているのだという。

アイドルのコンサートなどもそうだが、彼女たちの存在は、現実の世界にいながらにして、異空間へと誘ってくれるところに、その人気の秘密があるのかもしれない。

いわゆるオタクの人たちだけでなく、普通のサラリーマンにも人気が広がってきているのは、彼女たちの「癒し」が必要な人が増えているからなのだろう。

しかも、メイドカフェなら、お金を使ってもせいぜい数千円。

それでいつもの元気なあなたに戻れるなら、安いものではないか。

誤解のないように言っておくが、私はあなたにメイドカフェに行くことをすすめているのではない。今流行の猫カフェに行ってもいいし、見晴らしのいい公園を散歩するのもいいし、デパートの屋上に行くと落ち着く人だっているだろう。人それぞれに、「リセットできる場所」があるはずだ。

そういう自分だけの場所を見つけられれば、たとえ落ち込んだとしても、立ち直るのも早くなる。

日常から離れ、非日常に入り込むための特別な「場所」――。

そんな場所がいくつかあれば、嫌なことがあったからといって散財せずにすむのだ。

■みじめな気分のときのお金の使い方

「同じ大学出身の同僚が、自分より先に出世したんです……」

消え入りそうな声で話をはじめたのは、私のセミナーの常連、印刷会社に勤めるMさん（35歳・男性）だ。

Mさんは、かねてよりライバルだった同僚の出世を知り、大きなショックを受けて仕事に身が入らなくなってしまったらしい。

さらに悪いことに、今まで行ったことのなかったキャバクラに通うようになり、女の子にお金を注ぎ込んでしまい、借金までしているのだという。

「自分でも、ここまでハマるとは思ってもみませんでした……」

同情の余地はないのだが、Mさんがショックを受けた気持ちはわからなくはない。同じ年で、同じ大学出身。今まではすべて同じだったのに、向こうは課長、Mさんは平社員のまま。

まわりから比較されることが多ければ、なおさら辛いだろう。

自分にないものを人が持っていると、人はみじめな気分になる。

恋愛などでも、同じようなことがある。仲の良かった友だちに恋人ができると、恋人のいない自分が急にみじめに思えたりするのがそれだ。

今までは似た者同士だったはずなのに、なんだか裏切られたような、置いてきぼりにされたような情けない気持ちになるのだ。

そうなると人は、逃げるようにお金を使ってしまうことがある。

キャバクラにハマッてしまったMさんがまさにそれだ。


みじめなときに、お金を使ってはいけない。


人が、自分にないものを持っているからといって、そのむなしさをお金で補おうとしてもどうにもならない。

むしろ、お金を使えば使うほどむなしさはつのり、よけいみじめな気分になってしまうだろう。そしてまたお金を使う……と、絵に書いたような悪循環をくり返すのだ。

みじめな気分になるのは、自分と人を比較しているからだ。

人と比較すれば、相手のほうが優れていたり、先に何かを得ていたりすることは当然あるに決まっている。それを、「俺も負けてなるものか！」と自分の発奮材料にして頑張るなら、それもいいかもしれない。

しかし、「あいつはアレを持っているのに、俺にはない……」。そんなふうに落ち込むだけなら、今すぐ比較するのをやめたほうがいい。

「比較するのをやめたって、しょせん負けは負けでしょ。それじゃあ、何の解決にもならないんじゃないの？」

そんなふうに思う人もいるだろう。

しかし、人生は先を行く者が勝つとは限らない。

人生は長い。マラソンのようなものだ。

横並びでスタートすれば、途中で引き離されることもあるだろう。

だが、人生というレースはゴールするまで何があるかわからない。

途中経過で一喜一憂したところで、それが何になるというのだろうか。

話をMさんに戻そう。

Mさんの同僚が昇進したからといって、Mさんが同僚以上に昇進しないとは限らない。同じ大学に通っていたのだから、頭のデキは同程度。たまたま先に出世しただけのことだ。

ネガティブに考えれば、先を越されたと感じるが、ポジティブに考えれば、同じ大学を出ているんだから、自分にも昇進のチャンスはあると考えることだってできる。

恋人がいない人だって同じこと。

今は独りかもしれないが、１ヶ月後に、自分にぴったりの素敵な相手と巡り合えば、みじめな気持ちになったことすら忘れてしまうだろう。

人と比較をする前に、自分はどういう仕事をしたいか、自分はどういう人と付き合いたいか、といったことを考えることのほうが重要だ。

なぜなら、自分のスタンスが明確でなければ、チャンスが巡ってきたときに十分なパフォーマンスを発揮できないからだ。

そうでないと、いつまで経ってもやりたくない仕事をなんとなくやらされたり、いたくもない人といつづけることになる。

しかし、「自分はこれがやりたい」「こんな仕事がほしい」とビジョンがはっきりしている人は、どんな小さなこともチャンスにかえる準備ができている、といえるだろう。

人と比べている暇があったら、自分と向き合おう。

そうすれば、みじめな気持ちになって、つまらないお金を浪費しないですむはずだ。

■うれしいことがあった後のお金の使い方

旅行代理店に勤めるY輔さん（男性・24歳）。

土曜日の夜、仕事の悩みを相談をするふりをして、入社した当時から恋心を抱いていた同期のF子に電話した。

そして、2年越しで温めていた気持ちを、思い切って告白したのだ。

「あのさ、俺、入社したときからF子のこと、いい子だなって思ってたんだよね。もしよかったら、俺と付き合ってくれない？」

「え……、私と？　私でいいなら、別にいいけど……」

はにかみながらも、Y輔さんの交際の申し込みにイエスと答えるF子。

「じゃあ、また明日、会社でね」

と、電話を切ったY輔さんは、もう有頂天。

「よっしゃ〜！！！　やったぞ！　早く明日にならないかなぁ！！！」

まるで中学生のようだ。


いくつになっても、うれしいことがあったときは、なんとも言えずハイな気分になるものだ。

好きな人と思いが通じたり、試験に合格したり、希望の会社に就職が決まったり、仕事がうまくいったり。

そんなときは、誰彼かまわず話して回りたい衝動にかられる。

中には、自分へのお祝いにお金を使いたくなる人もいるだろう。

Y輔さんもそのひとり。

「そうだ！　大学時代のK太に電話して飲みにでも行くか。今日はとにかく飲みたい気分だ！」

携帯からK太に電話をするY輔さん。

「もしもし、オレオレ。今から飲みに行かない？　今日はすっごくいいことがあったんだよ。だから、全部俺がおごるからさっ！」

そして、K太を呼び出し、はしご酒をかさねる。

気づけば空は白みはじめ、たった一晩で使ったお金は5万円にもなっていた。

ハイになっているときは、普段ならめったに使わないような額のお金でも、一気に使ってしまう。

まあ、それほどうれしいことなんて、そう頻繁にあることではないのだから、少しくらいのぜいたくは大目に見てもいいだろう。
だが、ほどほどにしておかないと、後悔することになりかねないので、勢いに任せ過ぎないようにしたほうが良い。

Y輔さんの場合も、K太と飲みに行って散財したせいで、F子との初デートの予算まで使い果たしてしまった。これは大失態だ。

では、人生最大と思えるようなうれしい出来事が起きたときは、どんなふうにお金を使えば良いのだろうか。

ひとつ言えることは、**あらかじめ使う金額を決めておく**ことだ。
Y輔さんのように、うれしいことを仲間とわかち合うことは素晴らしい。自分に起きた喜びの感情を誰かと共有すれば、その喜びは倍増していくからだ。

ただ、感情にまかせて大盤振る舞いしてしまうと、後で泣きをみる。
そうならないためには、給料の額から換算して、「3万円までは友人におごっても大丈夫」というように金額の目星をつけておくのだ。そうすれば、Y輔さんのように失敗することもない。

使い過ぎて後から困ることにさえならなければ、うれしいことがあったときには、友人たちと喜びをわかち合いたいものだ。

■イラッとしたときのお金の使い方

人に感情を乱されることがある。
駅で、こちらが避けているのに相手が自分の肩にぶつかってきたとき。
どう考えても、向こうは避ける気がなかったとしか思えない……「イラッ」。

疲れて眠っているのに、夜中の2時に間違い電話がかかってきたとき。しかも、間違いだとわかった瞬間、電話をガチャ切りされる……「イラッ」。

急いでいるのに、エスカレーターで自分の前に立っているカップルが、2列になって行く手をふさいでいるとき。そのうえ、手までつないでイチャイチャしてたりもする……「イラッ」。

こんなときは、誰だって「イラッ」としてしまうものだ。

私の場合、飲食店で「イラッ」とすることが多い。

食事が美味しいと評判のレストラン。

大事なお客さんをもてなすために、以前から目をつけておいたお店だ。事前に予約も入れておいた。

和やかな雰囲気の中、お客さんとの会話も盛り上がってきたのだが、頼んだメニューがいつまで経っても来ない。

店員の人に尋ねたら、「順番におつくりしていますのでお待ちください」とぶっきらぼうに言われ、そそくさと行ってしまう。

仕方がないのでもうしばらく待つのだが、いつまで経っても持って来てくれる気配がない。

もう一度店員を呼び、調べてもらったら、実はオーダー自体が通ってなかった。

同席していた大切なお客さんも表情が曇っている。

しかも、店員はろくに謝りもせず、逃げるように行ってしまった……「イラッ」。

こんなときは、店を出るに限る。

レストランなどの飲食店に行くのは、美味しい食事をいただくのはもちろんだが、その空間やサービスも含め、快適な時間を過ごすためだ。

こちらが支払うお金は、ほとんどが、そのサービス代だといっても過言ではないだろう。わざわざ予約までして行ったのに、気分を悪くさせられたのでは、お金を払う価値がない。

しかも、大事なお客さんと一緒だったら、その人にまで嫌な思いをさせてしまうわけだから、たまったものではない。

だからといって、起きてしまったことはどうにもならない。

自分の中で解決できることなら、なんとか立て直しも図れるが、外側から受けた「イラッ」とした状況を、解消する方法はないのだ。

そうなったら、一刻も早くその場所から立ち去るしかないだろう。

感情のイライラはお金では解決できない。

お客さんと一緒のときは、場所を変えて飲み直すしかないが、ひとりの場合はすぐに家に帰る。

そういうことがあったときは、お金は使わないに限るからだ。

「イラッ」とした気持ちのままで、お金を使っても、決して心が晴れることはない。

むしろ、イライラ状態は落ちこんだときやみじめなときとちがって興奮状態なので、お金を使ったからといって絶対に気分が良くなることはない。

家に帰って、すぐ寝てしまうのが一番だ。

イライラは、眠って忘れてしまうしかない。

もしくは、着替えてジョギングに出ることもある。

運動すると、身体に負荷がかかるので、イライラした気持ちを忘れやすくなる。

人から「イラッ」とさせられたら、事故にでも遭ったと思って諦めるしかないのだ。

「自分はこういうことはしないように気をつけよう」と発想を転換できる余裕でも持てたら、あなたは一歩成功者へ近づくことができるだろう。

■暇なときのお金の使い方

「退屈」という言葉を耳にするとき、なにやら否定的で、忌み嫌われているイメージを持つことの方が多いような気がする。

「暇を持て余す」などとも言うが、何もすることがない時間を、人はあまり好ましく思わないようだ。

現に、少し暇ができると落ち着かず、行きたくもないところに遊びに出かけたりして、スケジュール帳を予定で埋めつくさないと安心できないという人は多い。


私の場合はというと、最近は忙しくなってしまったので、「退屈」な時間を過ごすということはほとんどないのだが、それが良いことだとは決して思ってはいない。

むしろ私は、「退屈」が恋しいとさえ思っている。


「退屈」な時間があるというのは、とてもぜいたくなことだ。

何もする必要がない、自分が自由に使える時間があるなんて、私からすれば、それはのどから手が出るほど欲しいものだ。

世の中の大抵の大人は、いつも時間に追われている。

仕事に追われ、家事に追われ、子どもの世話や、年老いた両親の世話に追われて一日が過ぎていく。

学生時代のように、膨大な時間の中でゆっくりと自分のことや、世の中のことを考えていたあの頃には、二度と戻ることはできないのだ。

だから、もし今、貴重な「退屈」な時間を手に入れることができたら、自分と向き合う時間にあててほしい。

私は20代後半まで塾の講師をしていたのだが、当時の私は、週末のたびごとにパチンコ店に通い、そして競馬に興じていた。

今よりももっと時間があったのに、私はその時間を「浪費」することでしか過ごすべを知らなかったのだ。

過ぎ去ってしまった時間を振り返ってもどうにもならないが、もし、あのときに戻れるなら、私は若き自分自身にこう言うだろう。

「自由な時間があるなら、お金を使うのではなく、思考に使え」

もちろん、若き自分は何を言われているか、理解はできないだろう。

時間というものは、失ってみないとその大切さには気づかないものだからだ。

「思考に使え」とは、自分の将来の姿を思い描く作業に使え、ということだ。

自分は何をしているとき、楽しいと感じるのか?

5年後の自分はどうなっていたいのか?

そして、そうなるためには、今、何をはじめておかなくてはいけないのか?

そんなことを、何度も自問自答してみるのだ。

これらの答えが出るまでには時間がかかる。しかし、だからと言って**何も考えずに生きていれば、時間の波に押し流され、たまたまたどり着いたところが、その人の5年後の世界になる。**

それは、無人島のように、何もない世界かもしれない。

一方、「退屈」な時間を思考に使った人は、自分の心に羅針盤を持っている。困難な航海ではあるが、自分の行くべき場所に向かって、ひたすら突き進んで行くことができる。

5年後に、その目的地にたどり着けるかどうかは、その人の努力や運の良さにもよるが、少なくとも大きく行き先を間違えることはないはずだ。

自分の将来に夢を馳《は》せ、いろんな可能性を探るのは、とても楽しい時間だ。

それを、やりたくもない予定で埋めたり、パチンコや競馬に使ってしまったりするなんて、もったいないとしか言いようがない。

先日、同じジムに通っている後輩がこんなことを言った。

「最近、暇なんスよねー。田口さん、何か面白いことないですか？」

暇だったら、自分の将来について考えてみることだ。

■気分を変えたいときのお金の使い方

「あ〜、なんか面白いことないかなぁ」

こんなフレーズが口癖になっている人、あなたのまわりにもいるのではないだろうか。

貿易会社で事務をしているF美さん（27歳・独身）もその一人。

最近は不景気で、会社が新入社員を採用しないため、入社から5年たった今でも、F美さんは新人がするような雑用までこなさなければならない。

しかも、給料は入社当時からほとんど上がっておらず、業務ばかり増えて不満タラタラの日々。

だから気が付けば、冒頭のフレーズが口をついて出ているのだ。

そんなときF美さんは、決まって〝ひとりカラオケ〟に行く。

そして、振り付けまで完璧に覚えたＡＫＢ48の歌を、何曲も連続で歌う。これが、Ｆ美さんの目下の気分転換だ。

週に2回は必ず〝ひとりカラオケ〟を行っている。

しかし、こんなことを毎週続けていたら、さすがに飽きてくる。

そしてまた、気づけば、

「あ～、なんか面白いことないかなぁ」

とつぶやいているのだ。

では、マンネリ化した日々を一新し、気分転換したいときには、どのようにお金を使えば良いのだろうか。

すでにお話ししたように、私自身は月に一度、必ず初体験をするようにしている。

どんな小さなことでもいい。

英会話、プチ旅行、はじめてのレストランに足を運ぶ……など、何でもいいから初めてのことにトライしてみるのだ。

「習い事をするなら、続けなきゃいけないんじゃない？」

などと堅苦しく考える必要はない。あくまでも、初めての体験をすることに意味があるのだから、長く続ける必要はないのだ。

体験だけなら無料だし、かりにお金がかかったとしても大きな額ではない。


Ｆ美さんの場合なら、いつもＡＫＢ48の曲ばかり歌ってないで、ときには１８０度発想転換をして演歌にチャレンジしてみるなんていうのも新鮮で面白いかもしれない。

案外、自分でも気がついていなかった才能に気づく場合だってある。

慣れて飽きてしまったものをいつまでもくり返す理由などどこにもない。同じお金を使うなら、あえて興味を持ってこなかったものに使ってみることで、心に新鮮な風を通すことができる、と私は実際にやってみて強く感じた。


気分を変えたいときは、経験を買うつもりで、新たな体験をすることにお金を使ってみよう。

■休暇のときのお金の使い方

たまにしか取れない長い休み。

あなたはどんなことに使っているだろうか？


上司に小言を言われ、同僚に気を使って、やっと申請が通った長期休暇。

せっかくだから有効に使いたいと思うのだが、過去を振り返れば、いつもと同じ店で飲んだり、パチンコをしたり、毎回ダラダラと過ごしていつの間にか終わってしまっている。

難しく考える必要はないにしても、どうせお金を使うなら充実した時間にできないものだろうか？


そんなときは「自分への投資」になることをするのが一番だ。

将来、自分がどうなっていたいかを想像すると、そこから逆算して今自分がやるべきことがわかってくる。

将来というと、5年後、10年後の自分を考えがちだが、現役でバリバリ働いているときの自分だけに留まらず、その先のこと、「引退後」も想像しておく必要がある。

理想的な老後とは、どんな暮らしだろうか?

私の知り合いに、エッセイストで画家のTさんという方がいる。

Tさんは、現在67歳。30代後半に都会での暮らしにピリオドを打ち、ご夫婦で軽井沢に移り住んだ。以降、軽井沢で執筆活動をしたり、自給自足のレストランを経営されたりしているのだ。

しかも、自分のワイナリーまで持っているというのだから、驚いてしまう。

Tさんご夫婦の生活は、リタイア後の理想のライフスタイルと言えるのではないだろうか。

とはいえ、こんな生活を、いきなり60歳になってからはじめようとしても、それはムリな話だろう。

Tさんも若かりしときから、余暇を利用して自分たちの理想の場所を探したり、必要な知識を身につけたりしながら、少しずつ準備を進めていたのではないだろうか。

余暇のそうしたお金の使い方は、将来につながる有意義なものだと言える。

将来を見据えた時間とお金の使い方ができている人は、理想郷を手に入れることができるのだ。

インドア派の人ならば、長期休暇を利用して作品づくりに挑戦してみるのはどうだろう。

例えば、映画制作なんていうのもいい。

リタイアしてから、いきなりビデオカメラをそろえるとなるとハードルが上がるが、現役時代から、長期休暇を利用して映画制作に必要な技術を習得したり、仲間を見つけたりして、実際に何本か撮影しておくといいだろう。

リタイアして十分な時間ができれば、本格的に創作活動に専念できる。必要な機材をそろえたり撮影のイロハを学んだりするためには、ある程度のお金はいるが、それは将来の豊かな生活につながる必要な投資ではないだろうか。

このように、長期休暇には、自分の将来のために時間とお金を使ってみることをオススメする。

エピローグ　5年後、高収入になるあなたへ

人生を豊かに生きるためには、ある程度自由になるお金が必要だ。

しかし、お金だけあっても、人は幸せになれるとは限らない。

では、5年後、10年後、20年後に、あなたが心から「自分の人生は、素晴らしい」と思えるようになるために、今後どのように人生を構築していったらよいのだろうか。またそのためには、どのようなお金の作法を身につければいいのだろうか——。


本書の中では、私自身のこれまでの経験を元に、お金の正しい使い方、付き合い方についてご紹介してきた。

少しは、あなた自身の生活を見直し、お金の使い方を考えるキッカケになってくれたと思う。

しかし、なんせ、先の見えない時代である。

5年後に家族を養えるだけの稼ぎがあるか、年をとってから困らないだけのお金を貯められるかなど、考えだすとキリがない。

だが、ひとつだけ確かなことがある。

それは、好きな仕事を見つけて人生を楽しんでいる人は、自ずとお金も稼げるようになり、心身ともに豊かな人生を送っているということだ。


それは、企業の創業者を例にとってもわかる。

アップルの創業者である故・スティーブ・ジョブズも、世の中をあっと驚かせるような製品を生み出すために、無給でも働いた。

フェイスブックを設立したマーク・ザッカーバーグも、学生時代から三度の飯よりプログラミングが好きな、いわば〝コンピューターおたく〟だった。

日本人の創業者だって同じだ。

ニッカウヰスキーの創業者である故・竹鶴政孝氏は、「ウイスキーづくりの仕事は、私にとって恋人のようなものである」と語っている。

自分の仕事に愛情を持ち、好きでやっているからこそ、どんなに大きいカベが立ちはだかっても乗り越えていける。

心配をせずとも、そのカベを超えられたときには、「稼げる人」になっているはずだし、その間どんな失敗があっても、それらはすべて人生を豊かにするための糧《かて》となる。

自分が心底好きな仕事、打ち込める仕事をして得たお金は、けっしてムダ使いしようと思わないはずだ。

真のエグゼクティブは、自分が好きなことで稼いだ貴重なお金を、さらに自分を成長させるために、ひいては社会がより豊かになるために再投資する。

あなたも、こうしたエグゼクティブたちのマインドを見習ってほしい。

そして、どんな世の中になっても、力強く楽しく前向きに生きていけるよう、正しい「お金の作法」を身につけて、人生を切り開いていくことを願っている。

田口智隆

カバーイラスト　Shu-Thang Grafix
編　　集　江波戸裕子
DTP制作　三協美術

【注意事項】……投資は100％ご自身の判断と責任で行ってください。
本書で示した意見によって読者に生じた損害、及び逸失利益について、著者、発行人、発行所はいかなる責任も負いません。

本書は2013年2月、小社より単行本として出版された『10年後、金持ちになる人　貧乏になる人』を修正して新書化したものです。

5年後、金持ちになる人　貧乏になる人
ラクラク「稼ぐ力」を手に入れる方法

2017年5月18日　第1版第1刷

著　者　田口智隆
発行者　後藤高志
発行所　株式会社廣済堂出版
〒104－0061　東京都中央区銀座3－7－6
電話 03-6703-0964（編集）03-6703-0962（販売）
Fax 03-6703-0963（販売）
振替 00180-0-164137
http://www.kosaido-pub.co.jp

印刷所
製本所　株式会社廣済堂

装　幀　株式会社オリーブグリーン
ロゴデザイン　前川ともみ＋清原一隆（KIYO DESIGN）

ISBN978-4-331-52095-6 C0295